Christine Weßling

Kompetenzorientierte Prüfung in der Ergotherapie

Konzipierung einer Examensprüfung im Rahmen der empfehlenden Ausbildungsrichtlinie NRW

BODY-FEELING UND BODY-BILDUNG

Herausgegeben von Cornelia Muth und Annette Nauerth

ISSN 1867-6243

1 *Sigrid Schrage*
Menschenbild und Leiblichkeit
Eine philosophisch-anthropologische Studie nach der Phänomenologie Merleau-Pontys
ISBN 978-3-89821-932-7

2 *Thomas Muschal*
Existenzialismus und Medien
Überlegungen zum Filmerlebnis im Anschluss an Jean-Paul Sartre
ISBN 978-3-8382-0038-5

3 *Christine Weßling*
Kompetenzorientierte Prüfung in der Ergotherapie
Konzipierung einer Examensprüfung im Rahmen der empfehlenden Ausbildungsrichtlinie NRW
ISBN 978-3-8382-0205-1

Christine Weßling

KOMPETENZORIENTIERTE PRÜFUNG IN DER ERGOTHERAPIE

Konzipierung einer Examensprüfung im Rahmen der empfehlenden Ausbildungsrichtlinie NRW

ibidem-Verlag
Stuttgart

Bibliografische Information der Deutschen Nationalbibliothek
Die Deutsche Nationalbibliothek verzeichnet diese Publikation in der Deutschen Nationalbibliografie; detaillierte bibliografische Daten sind im Internet über http://dnb.d-nb.de abrufbar.

Bibliographic information published by the Deutsche Nationalbibliothek
Die Deutsche Nationalbibliothek lists this publication in the Deutsche Nationalbibliografie; detailed bibliographic data are available in the Internet at http://dnb.d-nb.de.

Coverbild: © Hofschlaeger / PIXELIO

∞

Gedruckt auf alterungsbeständigem, säurefreien Papier
Printed on acid-free paper

ISSN: 1867-6243

ISBN-13: 978-3-8382-0205-1

Printed in Germany

Vorwort der Herausgeberinnen

Die Ergotherapie gehört zu den Berufen im Gesundheitswesen und teilt daher mit den anderen Berufen in diesem Sektor das Kennzeichen, dass hier personenorientierte Dienstleistung im persönlichen Nahbereich stattfindet und nicht ohne Körperkontakt zu denken ist. Dies erfordert bei professionellem Handeln spezielle Kompetenzen, die es gestatten, auch in Situationen, in denen die Betroffenen die Kontrolle über ihr Handeln verloren haben, die Würde des Menschen zu achten und seine Selbstbestimmung und Selbständigkeit zu fördern. Darüber hinaus ist es konstitutiv für diese Arbeit, in einem partizipativen Aushandlungsprozess gemeinsame Ziele zu vereinbaren und in gemeinsamer Arbeit und Anstrengung zu erreichen.

Ein solches Arbeiten erfordert umfassende Kompetenzen, die in der Ausbildung angebahnt werden sollen und müssen, damit die Absolventen im Handlungsfeld professionell tätig werden können.

Kompetenzorientierung im Unterricht ist aber auch eine Forderung, die mit dem Bologna-Prozess Einzug in die öffentliche Debatte gefunden hat. Eine Vergleichbarkeit im europäischen Raum ist in der Regel eher gegeben auf der Ebene des Outcome. Die Vertreter/innen verschiedener Länder können sich schnell darüber einigen, was die Absolventen im Handlungsfeld können müssen. Der Weg dorthin wird aufgrund unterschiedlicher Bildungstraditionen sehr verschieden gestaltet. Aus diesem Grunde setzt sich im Bereich der beruflichen Bildung die Forderung nach Kompetenzorientierung in der Ausbildung in hohem Ausmaß durch.

Kompetenzen sind jedoch nicht gleichzusetzen mit Wissen, das reproduzierbar in Prüfungen abgerufen werden kann. Wenn also die Ausbildung kompetenzorientiert gestaltet wird, ergibt sich die Schwierigkeit, die Prüfung so zu gestalten, dass auch in der Prüfung Kompetenzen gezeigt werden können.

Hierzu benötigen Lehrkräfte Hinweise und Handreichungen, um die eigene Prüfungspraxis zu reflektieren, neue Wege zu beschreiten und das eigene Prüfungshandeln zu verändern.

Diesem Anliegen widmet sich der vorliegende Band. Wir freuen uns, ihn hiermit einem breiten Leserkreis zur Verfügung stellen zu können

Januar 2011

Prof. Dr. Cornelia Muth & Prof. Dr. Annette Nauerth

Inhaltsverzeichnis

Abbildungs- und Tabellenverzeichnis

Abkürzungsverzeichnis

AG	Arbeitsgemeinschaft
AK DQR	Arbeitskreis Deutscher Qualifikationsrahmen
ANKOM	Anrechnung beruflicher Kompetenzen auf Hochschulstudiengänge
BBIG	Berufsbildungsgesetz
DQR	Deutscher Qualifikationsrahmen
EAR	Empfehlende Ausbildungsrichtlinie für die Ergotherapieschulen
ECTS	European Credit Transfer and Accumulation System
ErgThAPrV	Ergotherapeuten Ausbildungs- und Prüfungsverordnung
ET	Ergotherapie
ET-Prozess	Ergotherapeutischer Prozess
ICF	Internationale Klassifikation der Funktionsfähigkeit und Behinderung
KMK	Kultusministerkonferenz
MAGS	Ministerium für Arbeit, Gesundheit und Soziales (von NRW)
MEQ	Modified Essay Question Test
MGEPA	Ministerium für Gesundheit, Emanzipation, Pflege und Alter (von NRW)
NRW	Nordrhein- Westfalen
PEQ	Process oriented Essay Question Test
SELUBA	Steigerung der Effizienz neuer Lernkonzepte und Unterrichtsmethoden in der dualen Berufsausbildung
TEP	Totalendoprothese

1 Einleitung

Zu Beginn drei kurze Szenarien, die zur Entstehung dieses Buches beigetragen haben und die Brisanz des Themas sowie den Bedarf des Konzepts deutlich machen.

Berlin, 2000, schriftliches ET-Examen: Ich sitze mit ca. 100 anderen Schülern in einem riesigen Raum und „kreuze“ mein Examen, hier und da mal ein einzelnes Wort zum hinschreiben. Wenige Wochen später im Berufsleben führe ich selbständig Behandlungen in einem komplexen Arbeitsumfeld durch, in dem Kooperation mit Kollegen aus angrenzenden Berufsgruppen und die Zusammenarbeit mit Angehörigen gefragt sind, integriere dabei mein Wissen aus den verschiedenen Bezugswissenschaften, „verhandle“ am Telefon mit Ärzten und besuche die erste Fortbildung.

Bielefeld, 2008, Vorbereitung des schriftlichen ET-Examens: Als Honorardozentin konzipiere ich für mein Fach „Behandlungsverfahren Pädiatrie“ die Examensaufgaben. Sie sollen kurz und eindeutig beantwortbar sein. Zuvor im Unterricht habe ich mit Fallbeispielen gearbeitet, und meine Schüler haben unter anderem Aufgabenstellungen mit divergierenden Lösungsmöglichkeiten eigenständig bearbeitet.

Bielefeld, 2010, Treffen der Arbeitsgruppe „Prüfung“ der Modellschulen zur Implementierung der Empfehlenden Ausbildungsrichtlinie in der Ergotherapie NRW: Austauschrunde über die bisherige Gestaltung des schriftlichen Examens: Multiple-Choice, Kurzantwortaufgaben, stellenweise ein kurzes Fallbeispiel, aber vor allem der große Wunsch nach Veränderung.

Diese drei Szenarien machen die Diskrepanz zwischen dem Examen und der späteren realen Tätigkeit deutlich. Das Berufsleben eines Ergotherapeuten erfordert kompetentes Handeln. Nach Walkenhorst & Stüve (2004) unterliegt die Ergotherapie seit einigen Jahren einer Umbruchphase, wodurch die Komplexität der Anforderungen steigt und Aufgabenfelder und Tätigkeiten sich erweitern. Diese Veränderungen seien Ergebnis von Theorieentwicklung und Forschungsergebnissen, welche in die Arbeit integriert werden wollen, aber auch Resultat aus zunehmender Ökonomisierung des Gesundheitswesens sowie gesamtgesellschaftlicher Veränderungen. Jene Entwicklungen werden ausführlicher im Kapitel 2.1 dargelegt. Walkenhorst und Stüve folgern weiter, dass durch diese Entwicklungen der Erwerb neuer bzw. anderer Kompetenzen erforderlich ist. Das Ministerium für Arbeit, Gesundheit und Soziales Nordrhein-Westfalen (MAGS)[1], in NRW auch zuständig für die Ausbildung von Ergotherapeuten, hat auf die beschriebenen Veränderungen reagiert und eine empfehlende Ausbildungsrichtlinie für staatlich anerkannte Ergotherapieschulen in NRW (EAR) konzipiert. Sie steht in einer Reihe von Richtlinien, welche das MAGS herausgegeben hat und die die Ausbildungen in den Gesundheitsberufen in eine ähnliche Systematik bringen wollen, aber vor allem auf die Herausforderungen des späteren Handlungsfeldes vorbereiten sollen. Die EAR wird derzeit von 13 Ergotherapieschulen, den so genannten Modellschulen, erprobt.

Der Fokus der EAR liegt auf Kompetenzorientierung und Fächerintegration. Sie verfolgt damit Ziele, die auch in anderen Bereichen der beruflichen Bildung schon seit längerem propagiert werden. Dadurch hatte die Kompetenzorientierung als solche auch vor der EAR bereits Einzug in das Unterrichtsgeschehen von Ergotherapieschulen gefunden. Aber entsprechende didaktische und strukturelle Veränderungen von Ausbildung müssen auch die Prüfungen mit in den Blick nehmen, wie Allendorf (2002, S. 4) festhält: „Veränderte und neue Konzepte des Lehrens und Lernens erfordern neue Konzepte der Lernerfolgsüberprüfung.“ Auch in der EAR wird gefordert, dass die übergreifenden Zielsetzungen von Fächerintegration, Handlungsorientierung und Problemorientierung sich in der Lernerfolgsüberprüfung und Leistungsbeurteilung widerspiegeln sollen (MAGS, 2007). Die Ausführungen zur Umsetzung solcher Zielsetzungen in den Prüfungen sind in der EAR jedoch sehr grob und kurz gehalten (siehe 2.3). Erschwerend kommt hinzu, dass für das Examen zuerst die Ergotherapeuten Ausbildungs- und Prüfungsverordnung (ErgThAPrV) (ErgThAPrV, 1999; Rapps, 2005) erfüllt werden muss, welche von ihrer Fächerstruktur und ihren Vorgaben zur Gruppierung von Inhalten zu einzelnen Prüfungsabschnitten wenig kompatibel mit den Strukturen der EAR ist. Die Lehrkräfte an den Modellschulen stehen nun also vor der Herausforderung, die gewohnten Prüfungstraditionen verändern zu wollen, aber gleich-

[1] Durch die Umstrukturierung der Ministerien in NRW ist seit Herbst 2010 das Ministerium für Gesundheit, Emanzipation, Pflege und Alter (MGEPA) für die ET-Ausbildung zuständig.

zeitig die ErgThAPrV erfüllen zu müssen. Das vorliegende Konzept greift die Divergenz von ErgThAPrV und EAR auf und bietet Wege an, wie beide Systeme im schriftlichen Examen einander angenähert werden können, ohne sich außerhalb gesetzlicher Vorgaben zu bewegen. Dazu werden mögliche Kombinationen von Themen herausgearbeitet, sowie kompetenzorientierte schriftliche Prüfungsverfahren im Allgemeinen und in der spezifischen Anwendung dargelegt. Ferner werden an einem Beispiel Aufgabenstellung, Erwartungshorizont und Bewertungskriterien aufgezeigt. Das entwickelte Konzept soll den Lehrkräften eine Hilfestellung in der Erstellung ihrer Prüfungsaufgaben sein und sie durch die einzelnen Schritte der Prüfungserstellung leiten.

Zunächst wird der Rahmen dieses Konzeptes vorgestellt: Zum einen die EAR mit ihren Intentionen und ihrem Aufbau, zum anderen die gesetzlichen Vorgaben zur Prüfungsgestaltung laut der ErgThAPrV, denen die EAR unterliegt und die im ET-Examen erfüllt werden müssen. Es schließt sich eine Zusammenstellung über theoretische Grundlagen des Prüfungsgeschehens an, bevor auf Kompetenzen im Allgemeinen und die Besonderheiten des kompetenzorientierten Prüfungswesens im Speziellen eingegangen wird. Im Konzeptionsteil werden die einzelnen Schritte zur Erstellung des schriftlichen ET-Examens aufgerollt, wobei es jeweils zuerst eine allgemeine Abhandlung zum jeweiligen Teilschritt gibt, bevor eine Übertragung auf das schriftliche ET-Examen vorgenommen wird. Im ersten Schritt geht es um die Bestimmung der Prüfungsinhalte, sprich: Welche Lerneinheiten und Themen der EAR gehören in welchen Teil des schriftlichen Examens nach den Vorgaben der ErgThAPrV. Danach folgt eine Darstellung kompetenzorientierter, schriftlicher Prüfungsmethoden, wobei die Arbeit mit Fällen einen großen Schwerpunkt einnimmt. Es schließen sich Schritte zur Aufgabenstellung an wie Anforderungsniveau, Umfang, Formulierung und Anordnung von Aufgaben. Den Abschluss bilden die Erstellung von Musterlösung und Bewertungsschema. Das vorliegende Buch mündet in einen Ausblick, in dem unter anderem auf die anstehenden Herausforderungen der praktischen Umsetzung einer solchen Konzeption eingegangen wird. Im Anhang befindet sich ein „Komplettpaket“ einer Examensaufgabe mit Fall, Fragestellungen, Erwartungshorizont und Bewertungsschema.

Für die bessere Lesbarkeit wurde bei allen Personenbezeichnungen durchgängig die männliche Form gewählt, gemeint sind selbstverständlich sowohl weibliche als auch männliche Personen.

2 Die empfehlende Ausbildungsrichtlinie

2.1 Ursprung und Intention

Die empfehlende Ausbildungsrichtlinie für die staatlich anerkannten Ergotherapieschulen in NRW (EAR) wurde 2007 im Auftrag des Ministeriums für Arbeit, Gesundheit und Soziales des Landes Nordrhein-Westfalen (MAGS) entwickelt. Sie befindet sich derzeit in der Modellphase (Laufzeit 2008-2011) und wird von 13 Ergotherapieschulen in NRW erprobt. Die EAR gehört zu einer Reihe von Richtlinien, die das MAGS seit 1998 herausgegeben hat. Vergleichbare Richtlinien gibt es für die Berufsgruppen: Kranken- und Kinderkrankenpfleger, Hebammen, Logopäden und Physiotherapeuten. Für diese Richtlinien sind die Modellphasen größten Teils abgeschlossen, nur die Hebammenschulen befinden sich ebenfalls derzeit in der Modellphase. Im Pflegebereich steht seit der Neufassung des Krankenpflegegesetzes und der Ausbildungs- und Prüfungsverordnung von 2003 die Vermittlung umfassender beruflicher Handlungskompetenz nun auch gesetzlich festgelegt im Zentrum der Ausbildung (Bonse-Rohmann, Hüntelmann, & Nauerth, 2008). Zur Erreichung dieses Ziels wird nicht mehr fächer-, sondern lernfeldorientiert ausgebildet und geprüft (Bonse-Rohmann et al., 2008). Dies stellt einen entscheidenden Unterschied zur Situation der Ergotherapieausbildung dar. Hier fordert die ErgThAPrV nach wie vor eine Prüfung entsprechend der in ihr geregelten Fächersystematik. Mehr dazu in Kapitel 3.

Die EAR möchte die neuen Anforderungen an die Ausbildung von Ergotherapeuten, die aus gesellschaftlichen Entwicklungen und Veränderungen resultieren, aufgreifen (MAGS, 2007). Als Folge des demographischen Wandels, verbunden mit einem veränderten Krankheitspanorama, entstehe ein Therapieschwerpunkt auf Gesundheitsförderung, Prävention und Rehabilitation. In diesem Kontext erlangen in der Arbeit mit Klienten Beratung, Anleitung und Schulung einen deutlich größeren Stellenwert als es bislang der Fall war (MAGS). Gesundheitsförderung stellt gleichsam die Basis der sich etablierenden Gesundheits- und Rehabilitationswissenschaften sowie der Ergotherapiewissenschaft dar und verlangt eine Orientierung der Ausbildung hin zu mehr kommunikativer und empathischer Kompetenz (MAGS). Weiter heißt es, dass auch die Veränderungen im Gesundheits- und Sozialwesen ihre Auswirkungen auf die Ausbildung bzw. die Arbeitsweise von Ergotherapeuten haben. Qualitätssicherung, Effektivität, Ökonomie und Evidenzbasierung erfordern ein eigenständiges, selbstverantwortliches therapeutisches Handeln sowie koordinierendes, kooperatives und interdisziplinäres Arbeiten (MAGS). Insgesamt ergibt sich laut MAGS die Notwendigkeit eines professionellen ergotherapeutischen Handelns auf wissenschaftlicher Grundlage und in verschiedenen Versorgungsbereichen.

Aus pädagogisch-didaktischer Sicht werden in der EAR (MAGS, 2007) folgende Anforderungen beschrieben, auf die die Schüler in der Ausbildung vorbereitet werden sollen. Zum einen entspricht unsere Gesellschaft einer Wissensgesellschaft, die von ständigem Wissensverfall und -produktion geprägt ist, zum anderen sind Beschäftigte selten bis zum Lebensende in nur einem Beruf tätig (MAGS). Daher solle eine Schnittmenge an berufsbezogenen und berufsübergreifenden Qualifikationen vermittelt werden, die zur Bewältigung unterschiedlicher, sich wandelnder Anforderungen und aktiver Gestaltung befähige. Das MAGS fordert und manifestiert in der EAR eine Abkehr vom traditionellen Lernbegriff mit der Reproduktion überprüfbaren Wissens, und stattdessen eine Hinwendung zum situationsorientierten Lernen, welches auf die Entwicklung beruflicher und persönlicher Kompetenz abzielt. Die übergreifende didaktische Zielsetzung wird in der EAR mit dem „Konzept der Schlüsselqualifikationen" bezeichnet, das durch die Vermittlung folgender Teilkompetenzen erreicht würde: fachliche, sozial-kommunikative, methodische und personale Kompetenz. Holland (2009) kommt auf Grundlage ihrer eingehenden Analyse der EAR und der Auseinandersetzung mit dem Kompetenzbegriff zu dem Schluss, dass mit dem „Konzept der Schlüsselqualifikationen" das Konzept der beruflichen Handlungskompetenz gemeint ist.

Zur Erreichung dieser Zielsetzung werden für die Gestaltung der Lernprozesse Vorschläge gemacht, die sich auf die KMK-Handreichung[2] von 2000 beziehen. Laut EAR werden sie in der KMK-Handreichung dem Oberbegriff

[2] „Handreichung für die Erarbeitung von Rahmenlehrplänen der Kultusministerkonferenz für den berufsbezogenen Unterricht in der Berufsschule und ihre Abstimmung mit Ausbildungsordnungen des Bundes für anerkannte Ausbildungsberufe"

Handlungsorientierung zugeordnet. Die Lernprozesse sollen sich orientieren am:

- Sozialen Lernen
- Problemorientierten Lernen
- Erfahrungsorientierten Lernen
- Handlungsorientierten Lernen (MAGS, 2007)

Insgesamt wird eine „Abkehr von lehrerzentriertem, nur auf die Vermittlung von Faktenwissen oder Spezialfertigkeiten konzentriertem Vorgehen" (MAGS, 2007, S.11) angestrebt; dennoch dürfe es natürlich noch Lernsituationen geben, in denen die Schüler Hintergrund-, Begründungs- und Kontextwissen erwerben.

2.2 Aufbau

Zur Erreichung beruflicher Handlungskompetenz wurde in der EAR ein fächerintegrativer Aufbau ähnlich dem Lernfeldkonzept gewählt. Die EAR wurde „in vier fächerintegrative Lernbereiche untergliedert" (MAGS, 2007, S. 9), welche wiederum aus Teilbereichen mit mehreren Lerneinheiten bestehen. Das MAGS hat damit eine eigene Systematik entwickelt (die Richtlinien der anderen Gesundheitsberufe sind entsprechend aufgebaut) und ist zum Beispiel nicht den Hinweisen der KMK-Handreichung zur Erstellung von Lernfeldern (KMK, 2007) gefolgt. Laut KMK (2007) sind Lernfelder „durch Ziel, Inhalte und Zeitrichtwerte beschriebene thematische Einheiten, die an beruflichen Aufgabenstellungen und Handlungsfeldern orientiert sind und den Arbeits- und Geschäftsprozess reflektieren" (S.17). Der Forderung nach Orientierung an beruflichen Aufgabenstellungen und Handlungsfeldern werden weder die Lernbereiche noch die Lerneinheiten der EAR durchgängig gerecht. Das MAGS hat stattdessen vier Lernbereiche entwickelt, die die Kernkompetenzen des Berufes repräsentieren. Auch auf den zeitlichen Umfang bezogen sind die Lernbereiche deutlich größer und die Lerneinheiten häufig kleiner als der von der KMK empfohlene Stundenumfang für Lernfelder. An dieser Stelle sei aber auch darauf hingewiesen, dass die Ergotherapieausbildung nicht zu den Berufen gehört, deren Ausbildung nach dem Berufsbildungsgesetz geregelt wird. Daher stellt die KMK-Handreichung keine Vorgabe für die EAR dar. Da sich die EAR aber in der Beschreibung der Lernprozesse ausdrücklich auf die KMK-Handreichung bezieht, wäre es denkbar gewesen, dass sie auch andere Vorgaben der Handreichung umsetzt.

Die Lernbereiche der EAR für die Ergotherapieausbildung weisen Parallelen zu den Richtlinien der anderen Gesundheitsberufe auf. Sie lauten wie folgt:

- Lernbereich I: Ergotherapeutische Kernaufgaben
- Lernbereich II: Ergotherapeutische Zielbereiche
- Lernbereich III: Zielgruppen, Institutionen und Rahmenbedingungen ergotherapeutischer Arbeit
- Lernbereich IV: Ausbildungs- und Berufssituation von Ergotherapeuten

Die Themenauswahl der EAR berücksichtigt die oben beschriebenen neuen Anforderungen wie Gesundheitsförderung, Anleitung etc., die sich aus gesellschaftlichen und medizinischen Veränderungen ergeben. Laut MAGS (2007) wurde absichtlich eine offene Form der Zielformulierungen gewählt, um eine Abkehr vom herkömmlichen Lernbegriff zu fördern und wichtige Freiräume für Lehren und Lernen zu gewährleisten. Andererseits solle die Klarheit der Inhaltsangaben Beliebigkeit und Zufälligkeit bei der Inhaltsauswahl entgegenwirken. Ergotherapie-Wissenschaft und angrenzende Disziplinen sind in die EAR eingegangen und die Lehrer sind aufgefordert, die aktuellen Erkenntnisse der jeweiligen Fachwissenschaft in ihren Unterricht einzubringen (MAGS). Die Ausrichtung an einem speziellen ergotherapeutischen Modell wurde vermieden, dies würde, so MAGS, dem integrativen Charakter der EAR entgegenwirken und stünde einer wissenschaftlichen Herangehensweise entgegen.

2.3 Lernerfolgsüberprüfungen und Leistungsbeurteilungen

In Bezug auf Lernerfolgsüberprüfungen und Leistungsbeurteilungen finden sich in der EAR folgende Hinweise. Sie sollen eine Rückmeldefunktion für Lernende (Lernstand, -fortschritt, -hilfe, -bestätigung, -korrektur) und Lehrende (Wirksamkeit ihrer Maßnahmen) erfüllen. Neben den Inhalten (Fachkompetenz) wird auch eine Orientierung an der übergreifenden Zielsetzung geboten, entsprechend eine Rückmeldung zu sozial-kommunikativer, methodischer und personaler Kompetenz. Zudem sollen die Fächerintegration sowie die pädagogischen Konzepte berücksichtigt werden. Im Sinne von letzteren soll folgendes in die Bewertung einfließen:

Gruppenleistungen und Eigenbeurteilung (soziales Lernen)

- erbrachte Handlung (Handlungsorientierung)
- Analyse und Lösung eines Problems (problemorientiertes Lernen)

3 Gesetzliche Vorgaben zur Prüfungsgestaltung

Die Ausbildung von Ergotherapeuten in Deutschland wird durch das Gesetz über den Beruf des Ergotherapeuten und die Ausbildungs- und Prüfungsverordnung für Ergotherapeuten geregelt. Die EAR für Nordrhein-Westfalen steht als Richtlinie unterhalb dieser gesetzlichen Vorgaben und muss die Ausbildung so gestalten, dass die gesetzlichen Vorgaben erfüllt werden.

Die staatliche Prüfung wird in den §§ 2-14 der ErgThAPrV geregelt, welche folgende Punkte beinhalten:

§ 2 Staatliche Prüfung
§ 3 Prüfungsausschuss
§ 4 Zulassung zur Prüfung
§ 5 Schriftlicher Teil der Prüfung
§ 6 Mündlicher Teil der Prüfung
§ 7 Praktischer Teil der Prüfung
§ 8 Niederschrift
§ 9 Benotung
§ 10 Bestehen und Wiederholung der Prüfung
§ 11 Rücktritt von der Prüfung
§ 12 Versäumnisfolgen
§ 13 Ordnungsverstöße und Täuschungsversuche
§ 14 Prüfungsunterlagen

Im Rahmen des vorliegenden Konzepts ist vor allem der § 5, Schriftlicher Teil der Prüfung, von Bedeutung. Laut § 5 (ErgThAPrV) sind folgende drei Fächergruppen schriftlich zu prüfen:

„ 1. Allgemeine Krankheitslehre; Spezielle Krankheitslehre einschließlich diagnostischer, therapeutischer, präventiver und rehabilitativer Maßnahmen sowie psychosoziale Aspekte; Grundlagen der Arbeitsmedizin;
2. Psychologie und Pädagogik; Behindertenpädagogik; Berufs-, Gesetzes- und Staatskunde;
3. Motorisch-funktionelle Behandlungsverfahren; Neurophysiologische Behandlungsverfahren; Neuropsychologische Behandlungsverfahren; Psychosoziale Behandlungsverfahren; Arbeitstherapeutische Verfahren.“

Jede Fächergruppe soll laut ErgThAPrV in einer Aufsichtsarbeit in Form von schriftlich zu beantwortenden Fragen geprüft werden. Raps (2005) zufolge können dem Wortlaut der Vorschrift nach auch Themen abgehandelt und nicht nur Fragen gestellt werden. Die Aufgaben und damit auch die Prüfungsmethode wird durch den Prüfungsausschuss auf Vorschlag der Schule hin ausgewählt (Raps, 2005). Die Aufsichtsarbeiten sind an drei aufeinander folgenden Tagen mit einem jeweiligen Zeitumfang von 180 Minuten durchzuführen. Bei der Benotung entstehen drei Teilnoten und eine Gesamtnote. Die Benotung der schriftlichen Prüfung hat nach §9 der ErgThAPrV dem nachstehenden Schema zu folgen:

> ‚sehr gut' (1), wenn die Leistung den Anforderungen in besonderem Maße entspricht
>
> ‚gut' (2), wenn die Leistung den Anforderungen voll entspricht,
>
> ‚befriedigend' (3), wenn die Leistung im allgemeinen den Anforderungen entspricht
>
> ‚ausreichend' (4), wenn die Leistung zwar Mängel aufweist, aber im ganzen den Anforderungen noch entspricht
>
> ‚mangelhaft' (5), wenn die Leistung den Anforderungen nicht entspricht, jedoch erkennen läßt, daß die notwendigen Grundkenntnisse vorhanden sind und die Mängel in absehbarer Zeit behoben werden können
>
> ‚ungenügend' (6), wenn die Leistung den Anforderungen nicht entspricht und selbst die Grundkenntnisse so lückenhaft sind, daß die Mängel in absehbarer Zeit nicht behoben werden können.

Für die Prüfungsgestaltung im Rahmen der EAR ergibt sich folgende Herausforderung: Die Lerneinheiten der EAR beinhalten teilweise Fächer aus verschiedenen Prüfungsteilen (schriftlich, mündlich oder praktisch) der ErgThAPrV oder auch aus mehr als einer Fächergruppe der schriftlichen Prüfung. Da die ErgThAPrV in jedem Fall zu erfüllen ist, können im Examen nicht Prüfungen in den einzelnen Lernbereichen oder Lerneinheiten stattfinden. Und eine Prüfung nach der Fächersystematik der ErgThAPrV hat demnach zur Folge, dass eine Lerneinheit an mehreren Stellen abgeprüft wird. Die Konzeption des Examens muss also von der Systematik der ErgThAPrV ausgehen und erfordert eine Betrachtung, welche Lerneinheiten Bestandteil welches Prüfungsteils sind. Diese Zuordnung ist mit Hilfe der tabellarischen Zuordnung der Lerneinheiten der EAR zu den Fächern der Anlage 1 der ErgThAPrV möglich, wie sie sich im Anhang der EAR befindet. Eine entsprechende Übersicht findet sich in den Tabellen 7-9 im Anhang.

4 Prüfung allgemein

4.1 Begrifflichkeit und Funktion

„Unter Schulleistung versteht man zusammengefasst die von der Schule initiierten Lernprozesse und Lernergebnisse der Schüler. Diese Lernleistungen können im Hinblick auf verschiedene Verhaltensdimensionen beschrieben und unter Bezug auf verschiedene Normen eingeordnet werden“ (Ingenkamp & Lissmann, 2005, S. 131). Die Verhaltensdimensionen können als Äquivalent zu den Teilkompetenzen gesehen werden (siehe Kapitel 5); auf die Normen wird unter 4.2 eingegangen.

In der Literatur finden sich zum Thema Prüfung verschiedene Begrifflichkeiten. So unterscheidet Becker (2007) die Bereiche Leistungsbeurteilung und Ergebniskontrolle, und Ott (2007) die Bereiche Leistungsbeurteilung, Erfolgskontrolle und Erfolgssicherung. Die Leistungsbeurteilung dient vor allem der Notenfindung, die Erfolgskontrolle der Diagnose des Lernstandes und die Erfolgssicherung der Festigung des Gelernten (Ott, 2007). Die Erfolgskontrolle erfüllt durch die Feststellung des Lernstandes vorrangig eine Feedbackfunktion sowohl für Schüler als auch für Lehrer (Becker; Ott). Lehrer und Schüler bekommen also eine Rückmeldung über den aktuellen Lernstand des Schülers, und der Lehrer erhält zudem eine Aussage hinsichtlich der Effektivität seiner eingesetzten Unterrichtsmethoden (Becker; Ott). Entsprechend lässt sich folgern, dass auch der Schüler eine Rückmeldung zu seinen Lernstrategien ableiten kann. Laut Becker liegt der Fokus der Erfolgskontrolle mehr auf der Sache als solcher, sprich der Rückmeldung, als auf der Zensur. Im Kontext des ET-Examens soll im Folgenden der Fokus auf der Leistungsbeurteilung liegen, die eine Aussage über das Können des Schülers trifft. Denn zu diesem Zeitpunkt geht es nicht mehr um eine Einschätzung anhand derer der nachfolgende Unterricht ausgerichtet werden kann.

Die Funktionsbeschreibungen der Leistungsbeurteilung von Becker (2007) und Ott (2007) decken sich weitestgehend. Laut Ott erfüllt sie pädagogische und nicht-pädagogische Funktionen. Die pädagogischen Funktionen haben zum einen informativen Charakter wie Rückmeldung bezüglich Kenntnissen, Fähigkeiten, Fertigkeiten und Lernverhalten der Lernenden und dem Niveau der Gruppe. Zum anderen haben sie einen funktionalen Charakter in Form von Rückmeldungen für Lehrer und Schüler, Mitteilung für Außenstehende (z.B. Eltern, Arbeitgeber) und Motivationsfunktion. Als nicht-pädagogische Funktion dienen sie der Disziplinierung, Klassifikation und Selektion. Bei Becker findet sich zudem noch eine Prognosefunktion für weitere Laufbahnentscheidungen. Schewior-Popp (1998) bemerkt hinsichtlich der Laufbahn, dass das individuelle Prüfungsergebnis auch für die Absolventen in den Pflege- und Rehabilitationsberufen aufgrund von Umstrukturierungen im Gesundheitswesen eine hohe Bedeutung für den zukünftigen Berufs- und Lebensweg hat. Eine weitere Möglichkeit der Unterscheidung findet sich bei Jürgens (1992, zitiert nach Richter, 2002): die curriculare Funktion[3], ähnlich der pädagogischen bei Ott, und die Allokationsfunktion[4], ähnlich der nicht-pädagogischen. Wobei in der Beschreibung von Richter die Unterrichtsplanung, -durchführung und -nachbereitung innerhalb der curricularen Funktion eine größere Gewichtung erhält. Insgesamt wird also deutlich, dass die Leistungsbeurteilung als solche ambivalent ist. Für die Lehrkräfte bedeutet es, mit der Diskrepanz zwischen fördern und selektieren umgehen zu müssen.

4.2 Bezugsnormen

In der Beurteilung von Schülerleistungen können drei verschiedene Normen als Bezugspunkt gewählt werden: eine sachliche, eine soziale und eine individuelle Bezugsnorm.

Bei einer sachlichen Bezugsnorm (Ingenkamp & Lissmann, 2005; Rheinberg, 2001), einem absoluten Maßstab (Mietzel, 2007) oder dem kriteriumsbezogenen Testen (Gage & Berliner, 1996) wird die Schülerleistung an einem zuvor festgesetzten Kriterium oder Leistungsniveau gemessen. Diese Norm ist daher geeignet, auszuweisen, inwieweit bestimmte Mindestkompetenzen oder inhaltlich beschriebene Standards erreicht werden (Rheinberg). Es gibt jedoch keinerlei Auskunft über den individuellen Lernzuwachs (Rheinberg) oder darüber, wie das Ergebnis im Gruppenvergleich einzuordnen ist (Gage & Berliner). Zudem bietet es nach Gage & Berliner wenig Anreiz für Problemlösungsfragen, sondern eher für gebundene Aufgabentypen.

---

[3] Curricular: den Lernprozess/ Lehrplan betreffend
[4] Allokation: Einordnung

Bei der sozialen Bezugsnorm (Ingenkamp & Lissmann, 2005) oder auch dem sozial-bezogenen Gütemaßstab wird laut Mietzel (2007) das Messergebnis eines Einzelnen in Relation zum Ergebnis relevanter anderer Personen gesetzt. Jürgens (2005, zitiert nach Mietzel 2007) weist darauf hin, dass der soziale Bewertungsmaßstab lediglich eine Selektionsfunktion, aber keine curriculare Funktion erfüllt, da er dem Einzelnen keine Rückmeldung über seinen Lernprozess bzw. -stand gibt. Diese Problematik wird von Rheinberg (2001) als „blinder Fleck" der sozialen Bezugsnorm bezeichnet, da sie weder den Lernzuwachs des Einzelnen, noch den der gesamten Gruppe abbildet oder gar Aussagen zum Erreichen des Lehrplans macht.

Bei der individuellen Bezugsnorm (Ingenkamp & Lissmann, 2005; Rheinberg, 2001) bzw. dem individual-bezogenen Gütemaßstab (Mietzel, 2007) wird die aktuelle Leistung des Einzelnen mit einer früheren Leistung verglichen. Hier wird der individuelle Lernzuwachs laut Rheinberg sofort deutlich, wovon vor allem schwächere Schüler enorm profitieren. Allerdings hat auch diese Bezugsnorm ihre Schwachstellen. Sie blendet die überdauernden Unterschiede zwischen den Schülern aus, macht wie die soziale Bezugsnorm keine Aussagen zum Erreichen des Lehrplans und ist im Zusammenhang von Beurteilung als Zugangsberechtigung gänzlich irrational (Rheinberg).

Im Hinblick auf das Examen, welches laut Ergotherapeutengesetz (1976) eine Voraussetzung zur Führung der Berufsbezeichnung „Ergotherapeut" ist, erscheint das Anlegen einer sachlichen Bezugsnorm als sinnvoll. Zukünftige Arbeitgeber möchten eine Auskunft erhalten, ob und in welchem Maße das Ausbildungsziel erreicht wurde. An dieser Stelle sei jedoch auf die Brisanz hingewiesen, dass das Ausbildungsziel weder in der ErgThAPrV noch in der EAR explizit beschrieben wird, so dass es als zu überprüfender Standard zugrunde gelegt werden könnte. Auch der Hinweis von Gage und Berliner (1996), dass diese Form wenig zu Problemlösungsfragen anregt, beschreibt ein mögliches Problem innerhalb einer kompetenzorientierten Prüfung.

4.3 Testgütekriterien

Die aus der Psychologie stammenden Testgütekriterien lassen sich auf die Leistungsmessung in der Schule übertragen mit dem Ziel, die Qualität der

Prüfungsinstrumente zu bestimmen bzw. zu verbessern. Ott (2007) betont im Zusammenhang mit der Selektionsfunktion der Leistungsbeurteilung und dem sich daraus eventuell entwickelnden sozialen Status die Bedeutung der Genauigkeit der Notengebung. Auf die Gesundheitsberufe übertragen betrifft dies die Laufbahnentscheidung, die aus dem Prüfungsergebnis resultieren kann (Schewior-Popp, 1998).

Bei den Testgütekriterien handelt es sich zunächst um die Hauptgütekriterien der Objektivität, Reliabilität und Validität.

„Unter Objektivität eines Tests verstehen wir den Grad, in dem die Ergebnisse eines Tests unabhängig vom Untersucher sind“ (Lienert & Raatz, 1998, S. 7). Es bedeutet, dass verschiedene Untersucher bei dem gleichen Probanden zum gleichen Ergebnis kommen. Genaue Anweisungen, wie Aufgabenanordnung, Instruktion und Zeitgrenzen tragen zu mehr (Durchführungs-) objektivität bei (Mietzel, 2007). Eine Musterlösung mit detaillierten Rohpunktangaben erhöht beispielsweise die (Auswertungs-) objektivität (Ott, 2007).

Die Reliabilität ist die Zuverlässigkeit, sprich die Genauigkeit mit der ein bestimmtes Merkmal gemessen wird (Lienert & Raatz, 1998). Sie kann über Paralleltests, Retests oder die innere Konsistenz ermittelt werden[5]. Die Bestimmung der Reliabilität stellt im Schulzusammenhang eine gewisse Schwierigkeit dar. Bohl (2001) und Sacher (2004) begründen dies mit dem angestrebten Lernzuwachs, so dass in einem Retest eigentlich ein verbessertes Ergebnis und nicht das gleiche ermittelt werden dürfte. Kauffeld (2006) ist hingegen der Auffassung, dass ein Retest durchaus zur Messung der Reliabilität genutzt werden kann, da Kompetenzen zwar veränderbar seien aber „sich ohne entsprechende Intervention nicht von heute auf morgen verändern" (S. 50). Auch die innere Konsistenz kann nicht ohne weiteres zur Bestimmung der Reliabilität eingesetzt werden. Denn tendenziell wird mit jeder Aufgabe ein anderes Merkmal geprüft, anstatt dass eine Prüfung mehrere Aufgaben zum gleichen Merkmal enthält. Ott (2007) empfiehlt drei praktische Maßnahmen zur Erhöhung der Reliabilität: Mehrfachmessungen durch mehrere Aufgaben

---

[5] Paralleltest: Zwei gleichwertige Tests parallel durchführen und vergleichen
Retest: Wiederholen eines Tests und Vergleich mit dem ersten Ergebnis
Innere Konsistenz: Vergleich von Aufgaben zum gleichen Merkmal/ Thema innerhalb eines Tests

zu einem Thema, einen mittleren Schwierigkeitsgrad der Einzelaufgabe und eine hohe Trennschärfe der Aufgaben.

Die Validität, auch als Gültigkeit bezeichnet, gibt an, inwieweit das Merkmal, das gemessen werden soll, tatsächlich gemessen wird (Lienert & Raatz, 1998). Im Rahmen der Leistungsmessung in Schulen sind vor allem die inhaltliche Validität und die Prognosevalidität von Bedeutung. Die inhaltliche Validität von Schultests ergibt sich laut Mietzel (2007) aus der Übereinstimmung der gewählten Aufgaben mit den zu prüfenden Unterrichtsinhalten. Die Prognosevalidität lässt Aussagen über den zukünftigen Lernerfolg anhand der Prüfungsergebnisse zu (Sacher, 2004). Auf das ET-Examen übertragen macht die Prognosevalidität Aussagen darüber, inwieweit die Prüfungssituation mit der tatsächlichen Berufssituation übereinstimmt, bzw. inwieweit die Examensnote eine Prognose über die berufliche Handlungskompetenz des Schülers in seinem späteren Arbeitsfeld abgeben kann. Auf diesen Sachverhalt wird im Rahmen des kompetenzorientierten Prüfens nochmals eingegangen. Auch Mietzel (2007) weist darauf hin, dass die Reliabilität handlungsorientierter Prüfungen zwar hoch ist, wenn diese auf Grundlage nicht-realer Problemsituationen konstruiert werden, diese jedoch keine Aussage zulassen, inwieweit die Schüler ihr Wissen in der Realität sinnvoll anwenden können (Prognosevalidität). Es lässt sich also schlussfolgern, dass bei kompetenzorientierten Prüfungsinstrumenten ein hohes Maß an Reliabilität zu Lasten der Validität geht und umgekehrt. Der erhöhte Einfluss von Messfehlern bei alternativen Prüfungsformen (Madaus & Tan, 1993, zitiert nach Mietzel, 2007) kann laut Mietzel durch sorgfältige Definition der verwendeten Kriterien gemildert werden. An dieser Stelle sei auf die im Kapitel 6 im Detail dargestellten Gütekriterien einer Lernhandlung nach Richter (2002) hingewiesen.

Über diese Hauptgütekriterien hinausgehend gibt es nach Richter (2002) weitere Nebenkriterien oder nach Kauffeld (2006) Kriterien für den praktischen Einsatz von Kompetenzmessverfahren. Es folgt eine Auswahl von Kriterien, welche auch für eine Abschlussprüfung als relevant betrachtet werden.

Angemessenheit: Die Prüfung sollte inhaltlich als auch methodisch den vorangegangenen Unterricht, seinen Schwierigkeitsgrad eingeschlossen, widerspiegeln (Richter).

Trennschärfe: Laut Richter erwarten die Schüler, dass zwischen den Leistungen eine deutliche Trennschärfe liegt und nicht alle Schüler die gleiche Leistung bescheinigt bekommen. Letztendlich geht es hier um die Verteilung der Noten auf der Notenskala, welches wiederum mit dem Schwierigkeitsniveau der Aufgaben korreliert.

Handhabbarkeit: Prüfungen müssen in einem realistischen Zeitrahmen durchgeführt und ausgewertet werden können, um in der Realität Anwendung zu finden (Richter). Dies kann äquivalent zum Kriterium der Ökonomie nach Kauffeld gesehen werden, welches einen Ausgleich zwischen Aufwand und Nutzen einer Kompetenzmessung fordert, im Hinblick auf Sach-, Zeit-, Finanz- und Personalaufwand.

Transparenz: Die Schüler müssen einen Überblick erhalten, was in der Prüfung erwartet wird. Nur dann haben sie die Chance, sich auf die geforderten Kompetenzen einzustellen und sich sachgerecht vorzubereiten (Richter). Das bedeutet auch, Beurteilungskriterien den Schülern gegenüber im Vorfeld transparent zu machen. Die Transparenz ist ein Teil der „Fairness" nach Kauffeld, welche zudem Chancengleichheit und eine Ergebnisrückmeldung fordert.

Sinnhaftigkeit: Der Sinn der jeweiligen Prüfung sollte den Schülern gegenwärtig sein, da dies die Motivation entsprechend beeinflusst (Richter). Kauffeld bezeichnet jenen Aspekt mit dem Stichwort Relevanz.

Es wird als sinnvoll erachtet, das ET-Examen auch unter diesen Aspekten zu planen beziehungsweise einer Reflexion zu unterziehen. Das letzte Kriterium der Sinnhaftigkeit scheint zunächst etwas banal, es erhält allerdings einen anderen Stellenwert, wenn man die schriftliche Prüfung im Detail betrachtet. So könnten sich Schüler durchaus fragen, welche Relevanz Detailkenntnisse im Bereich der Krankheitslehre für einen Ergotherapeuten haben. Hier kann es folglich sinnvoll sein, bereits im Vorfeld den Anwendungsbezug des Wissens herauszuarbeiten, wie er auch in der Anwendung von fallbezogenen Prüfungsverfahren deutlich wird.

4.4 Aufgabentypen für schriftliche Prüfungen

In Bezug auf die erwarteten Antworten gibt es drei grundsätzliche Typen von Aufgaben: geschlossene, offene und halboffene Aufgaben (Sacher, 2004), auf die im Folgenden näher eingegangen werden soll. Diese Typen verfügen über spezifische Vor- und Nachteile und die Wahl hängt von den angestrebten kognitiven Prozessen ab (Gage und Berliner, 1996). Diese Prozesse finden sich in den Taxonomiestufen der Lernziele[6] bzw. dem angestrebten Kompetenzniveau wieder (siehe dazu 7.5 Festsetzung des Anforderungsniveaus).

Bei den geschlossenen Aufgabentypen werden Antwortmöglichkeiten vorgegeben, unter denen ausgewählt werden muss. Dazu gehören die gebundenen schriftlichen Mehrfachwahl-Aufgaben, auch Multiple-choice-Aufgaben genannt (Ebbinghaus & Schmidt, 1999). Sie sind laut Ebbinghaus und Schmidt geeignet, Themengebiete mit vielen Fragen unter geringem Zeitaufwand zu prüfen und erfassen dabei Faktenwissen, Detailkenntnisse und Teilaspekte beruflicher Handlungskompetenz (Verständnis, Methodenwissen). Sie weisen darauf hin, dass dieser Aufgabentyp nicht für die Beurteilung sozialer und kommunikativer Kompetenzen geeignet ist. Auch für analytisches und konzeptionelles Denken sei dieser Typ nur eingeschränkt einsetzbar (Ebbinghaus & Schmidt), welches nach Bloom (1976) den höheren Stufen kognitiver Prozesse entspricht. Diese Auffassung teilen auch Gage und Berliner (1996) sowie Sacher (2004), indem sie auf die Abbildung eines niedrigen Lernzielniveaus hinweisen, da ein höheres kompliziert in der Formulierung sei. Nach Sacher wird hier nur die passive Verfügbarkeit von Wissen erhoben, sprich einfache kognitive Leistungen. Einigkeit besteht auch hinsichtlich des Zeitaufwandes bei geschlossenen Aufgaben: Die Konstruktion ist sehr aufwändig, die Durchführung und Auswertung hingegen sehr ökonomisch (Ebbinghaus & Schmidt; Sacher). Die Objektivität und Reliabilität solcher Aufgabentypen ist hoch (Ebbinghaus & Schmidt), die Validität kann durch die schematische Fragestellung niedriger ausfallen (Sacher). Letzteres ist vor al-

[6] Bei den Taxonomiestufen handelt es sich um eine Einstufung von Lernzielen nach dem Schwierigkeitsgrad. Eine mögliche Einteilung für den kognitiven Bereich wurde von Bloom (1976) entwickelt.

lem dann der Fall, wenn die Inhalte sich nicht gut in solchen schematischen Fragestellungen abbilden lassen.

Bei halboffenen Aufgaben sind die Antwortmöglichkeiten durch Vorgaben etwas eingeengt (Ott, 2007), aber es werden keine Antwortmöglichkeiten vorgegeben (Ebbinghaus & Schmidt, 1999). Ebbinghaus und Schmidt fassen unter „halboffenen schriftlichen Aufgaben" Kurzantwort-Aufgaben und halboffene Aufgaben zusammen. Auch hier ist nur eine Lösung richtig, es werden kurze, knappe Antworten erwartet, bei denen es allerdings um die Erinnerung von Wissen und nicht bloß um das Wiedererkennen geht (Ebbinghaus & Schmidt). Wobei dies nach Bloom (1976) ebenfalls der Stufe des Wissens (unterste Stufe der Lernzieltaxonomie) entspricht. Laut Ebbinghaus und Schmidt werden auch hier Detailkenntnisse erfasst und wie bereits bei den geschlossenen Aufgaben keine sozialen Kompetenzen oder analytisches Denken. Die Ergänzungs-Aufgabe, ein Lückentext ohne mögliche Vorgaben, stellt eine Sonderform dar (Ebbinghaus & Schmidt). Der Entwicklungsaufwand wird von ihnen etwas geringer eingeschätzt; sie betonen jedoch, dass der Erwartungshorizont sehr genau ausgearbeitet werden sollte, da dies den Interpretationsspielraum bei der Auswertung senkt und sie dadurch weitestgehend objektiv wird. Auch Sacher (2004) sieht hier eine hohe Objektivität aufgrund des vorliegenden Antwortschemas, anhand dessen die Schülerleistungen verglichen werden können.

"Offene schriftliche Aufgaben sind dadurch gekennzeichnet, daß der Prüfungsteilnehmer nach eigenem Ermessen die Antworten auf die ihm gestellten Aufgaben frei und in ausführlicher Form formulieren muß" (Ebbinghaus & Schmidt, 1999, S. 70). Sie überprüfen laut Ebbinghaus und Schmidt, inwieweit die Schüler ihr fachliches Wissen und Können zur Bewältigung anspruchsvoller Aufgaben anwenden. Dabei erfassen sie Aufgabenverständnis, Zusammenhangswissen, Methodenwissen und die Herstellung von Bezügen, nicht jedoch soziales oder Faktenwissen (Ebbinghaus & Schmidt). Hier wird bereits deutlich, dass mit solchen Aufgaben die höheren Ebenen kognitiver Prozesse erhoben werden können. Die Aussage, es sei damit kein Faktenwissen zu prüfen, ist kritisch zu sehen. Denn es ist davon auszugehen, dass Wissen nur angewandt und Bezüge nur hergestellt werden können, wenn entsprechendes Grundlagenwissen als Basis vorhanden ist. Folglich kommt es in solchen Aufgaben eher implizit als offensichtlich vor. In Bezug auf soziales Wissen bzw. soziale Kompetenzen sei angemerkt, dass durch entsprechende Fragestellungen zumindest der kognitive Vollzug solchen Handelns geprüft werden kann. Was natürlich offen lässt, ob der Schüler in der Lage ist, dieses Handeln in der Realität tatsächlich umzusetzen. Sacher (2004) sieht bei offenen Aufgaben auch die Möglichkeit der Beurteilung kreativer Leistungen oder prozesshaften Denkens. Insgesamt ist das Essay, als ein offener Aufgabentyp mit langen Antworten, nach Gage und Berliner (1996) leichter für höhere kognitive Prozesse konzipierbar als gebundene Mehrfach-Wahl-Antworten. Es wird ein geringerer Entwicklungsaufwand in der Aufgabenformulierung gesehen, dafür aber ein höherer Aufwand in der Erstellung von eindeutigen Musterlösungen und Bewertungsvorschriften, welche jedoch für eine nachvollziehbare und objektive Auswertung erforderlich sind (Ebbinghaus & Schmidt; Rapp, 1975). Rapp sieht die curriculare Validität (entspricht der inhaltlichen Validität nach Mietzel, 2007) in Gefahr, da nur ein kleiner Teil der Lernziele erfasst werden kann. Ebbinghaus und Schmidt empfehlen zur Verbesserung der inhaltlichen Validität eine sehr sorgfältige Aufgabenentwicklung bei der auf einen repräsentativen Querschnitt der relevanten Inhalte geachtet wird. Die Schüler haben nach Ebbinghaus und Schmidt die Chance, Schwerpunkte entsprechend ihren Stärken und Schwächen zu setzen; als Nachteil sehen sie die Beeinträchtigung der Leistung durch das schriftliche Ausdrucksverhalten und Rapp zudem die Beeinflussung durch die Schreibgeschwindigkeit.

In diesem Teil-Kapitel wurde deutlich, dass die bislang in der schriftlichen Prüfung des ET-Examens häufig genutzten Kurzantwort-Aufgaben und Multiple-Choice-Aufgaben für die Überprüfung von Fakten- und Detailwissen geeignet sind, nicht jedoch zum Erfassen von Handlungskompetenz. Zu diesem Schluss kommt auch Schneider (2003), als sie eine Studie von Savelsberg und Hellbusch aus dem Jahre 2003 zitiert, in der 233 Klausurfragen aus dem Bereich der Krankenpflege in Bezug auf Patientenorientierung überprüft wurden. Danach sind folgende Aufgabentypen nicht für die Überprüfung von Handlungskompetenz zu gebrauchen: einfache Mehrfach-Wahl-Aufgabe, Zu- oder Umordnungsaufgaben, Mehrfach-Wahl-Aufgabe, freie Aufgabe mit Mehrfachantwort und Kurzantwortaufgabe (Schneider). Soll die Prüfung hingegen eine Aussage zur beruflichen Handlungskompetenz machen, so sind also offene Aufgabentypen zu wählen, was im folgenden Zitat zum Ausdruck kommt: "Offene Aufgaben sollten nur dann eingesetzt werden, wenn es der Arbeitsalltag erfordert, komplexe Wissensinhalte zur Bewältigung anspruchsvoller Arbeitsaufträge flexibel und vernetzt anzuwenden" (Ebbinghaus & Schmidt, 1999, S. 73). Inwieweit dieses Zitat den Kompetenzgedanken widerspiegelt, wird im Kapitel 5 „Kompetenz“ deutlich.

4.5 Beurteilungstypen und -fehler

Bei den Beurteilungstypen und -fehlern handelt es sich um subjektive Einstellungen und Wahrnehmungen des Prüfers, die bei schriftlichen Prüfungen besonders in der Auswertung von offenen Fragestellungen zum Tragen kommen und die Auswertungsobjektivität negativ beeinflussen. Nach Ebbinghaus und Schmidt (1999) schleichen sich solche Fehlerquellen vor allem durch Leistungsgrenzen wie Ermüdung oder persönliche Eigenschaften wie Werte und Erwartungen des Prüfers ein. In der Literatur gibt es eine Vielzahl von Beschreibungen der Beurteilungstypen und -fehler; siehe dazu auch: Becker, 2007; Ebbinghaus & Schmidt, 1999; Jürgens & Sacher, 2008; Ott, 2007; Paradies, Wester & Greving, 2007. Im Folgenden soll nur eine kleine Auswahl dargestellt werden.

Bei den Beurteilungstypen scheut der Vorsichtige (Ott, 2007) die extremen Bewertungen, möchte niemandem schaden und zeigt eine zentrale Tendenz (Ebbinghaus & Schmidt, 1999) in seinen Bewertungen. Auch der Großzügige macht wenig Gebrauch von negativen Urteilen, er benutzt jedoch alle Abstufungen (Ott). Der Scharfe hingegen tritt als Kritiker auf und verteilt eher mittlere bis negative Urteile (Ott). Der Pedantische neigt zu komplizierter Bewertung und Zwischennoten (Ott). Schließlich gibt es noch objektive und subjektive Beurteilungstypen. Erstere betrachten die erbrachte Leistung nüchtern und klammern jede persönliche Wahrnehmung aus (Ott). Der Subjektive möchte mit seiner Benotung erzieherisch wirken und setzt sie als Motivationsmittel ein (Ott).

Bei den Beurteilungsfehlern ist zunächst einmal der viel zitierte Halo-Effekt anzuführen. Bei diesem überstrahlt eine gute oder schlechte Eigenschaft, oft auch der erste Eindruck, die anderen Merkmale (Ebbinghaus & Schmidt 1999; Ott, 2007; Paradies, Wester & Greving, 2007). Legt der Prüfer persönliche Erwartungen und Präferenzen als Maßstab an, so spricht man von einem Maßstabfehler (Ott). Beim Korrekturfehler werden laut Ott frühere Sichtweisen unkorrigiert übernommen. Hinter dem Andorra-Effekt oder der self-fulfilling prophecy verbirgt sich das Phänomen, dass ein Prüfling die Leistung erbringt, die der Prüfer zuvor von ihm erwartet hat (Ott).

4.6 Bewertung und Benotung

An dieser Stelle soll betrachtet werden, nach welchen Kriterien Punkte für eine Prüfungsleistung gegeben werden und auf welchen Wegen diese in Noten überführt werden können. Sacher (2004) gibt einige Empfehlungen zur Punktevergabe innerhalb eines kriterialen Benotungsmodells. Er sieht es als ein Problem an, wenn qualitativ sehr unterschiedliche Teilleistungen direkt zu einem Gesamtergebnis aufaddiert werden und empfiehlt stattdessen eine Bewertung der einzelnen Teile und am Ende das Bilden einer Gesamtnote aus diesen Teilen. Ferner geht Sacher noch auf den Schwierigkeitsgrad, die Bedeutung und die Gewichtung von Aufgaben ein. Demnach sind isolierbare Einzelleistungen gleicher Größe auch gleich zu gewichten, umfangreiche und komplexe Aufgaben beinhalten mehrere solcher Einzelleistungen und erhalten darüber mehr Punkte. Bedeutsamere Aufgaben sollen nach Sacher ebenfalls nicht stärker gewichtet werden, sondern eher durch eine höhere Anzahl solcher Aufgaben Gewicht bekommen. Darüber könne auch die zu erhebende bedeutsame Kompetenz gründlicher geprüft werden. Sacher unterscheidet zwischen Bedeutsamkeit und Schwierigkeit von Aufgaben und weist darauf hin, dass diese nicht zwingend gleich sind (zur näheren Erläuterung siehe dazu Sacher, 2004, S.79). Neben diesen Hinweisen zur Punktevergabe nun einige Ausführungen zum Anlegen von Skalen.

Die Benotung kann laut Jürgens und Sacher (2008) mittels einer Punkte-Noten-Skala festgelegt werden. Dabei sind lineare, partiell lineare und nichtlineare Skalen zu unterscheiden (Jürgens & Sacher). Für das Aufstellen einer solchen Skala muss zunächst der Sockelwert festgelegt werden (Becker, 2007; Jürgens & Sacher). Der Sockelwert markiert dabei die Grenze, ab der ein Schüler voraussichtlich ohne besondere Hilfe weiter erfolgreich am Lernprozess teilnehmen kann (Becker; Jürgens & Sacher). Schewior-Popp (1998) sieht für die Rehabilitationsberufe bzw. für den berufsbildenden Bereich einen Sockelwert von 60 % der Gesamtsumme als angemessen an, da es hier um die Überprüfung von Berufsfähigkeit gehe. Der Deutsche Industrie und Handelskammertag (2007) hat im § 24 „Bewertungsschlüssel" der Musterprüfungsordnung den Sockelwert auf 50% festgelegt; auch hier geht es um die Bewertung von Berufsabschlüssen. Nach der Bestimmung des Sockelwertes muss laut Jürgens und Sacher entschieden werden, in welchen Abständen die Noten ober- und unterhalb des Sockelwertes verteilt werden. Diese Verteilung hängt von der Art der angestrebten Skala ab. Für eine lineare Skala, bei der die Abstände zwischen den Noten gleich weit sind, wird nach Becker als nächstes der Spitzenwert festgelegt. Dieser gibt an, mit welcher Punktzahl noch die Note 1 erreicht werden kann und kann somit auch unterhalb der Höchstpunktzahl liegen (Becker). Im nächsten Schritt wird das Gesamtintervall zwischen Sockel- und Spitzenwert errechnet und dieses durch 3, 6 oder 12 geteilt, je nachdem, ob ganze, halbe oder viertel Noten vergeben werden sollen, welche nun den Punkten auf der Skala zugeordnet werden können (Becker). Bei nichtlinearen Skalen sind die Notenbereiche verschieden breit angelegt (Jürgens & Sacher), beispielsweise wenn sich die Noten 3 und 4 über eine Punktespanne von je 10 Punkten, die Note 2 über 5 und die Note 1 über 3 Punkte erstreckt. Unter partiell linearen Skalen verstehen Jürgens und Sacher solche, bei denen die Punktespannen oberhalb und unterhalb des Sockelwertes jeweils gleichweit verteilt sind.

Es gibt eine weitere Möglichkeit, die Spielräume zwischen den Noten festzulegen, indem die Gauß'sche Normalverteilung zu Grunde gelegt wird. Diese stellt die Normalverteilung einer Gruppe dar und kommt in Intelligenztests zur Anwendung. Becker (2007) spricht sich gegen dieses Vorgehen aus mit der Begründung, dass eine Lerngruppe nicht zwangsläufig eine Normalverteilung aufweise. Die Normalverteilung auf eine Lerngruppe angewandt würde bedeuten, dass per se immer 16% der Schüler unter 4,5 und 16% über 2,5 lägen und die restlichen 68% zwischen 4,5 und 2,5 verteilt wären (Becker).

Im Hinblick auf die zunehmende Anzahl von Schülern, die nach der Ergotherapieausbildung ein Studium aufnehmen oder dies zumindest in Erwägung ziehen, soll auch kurz auf die Einstufung von Studienleistungen nach dem

European Credit Transfer and Accumulation System (ECTS) eingegangen werden. "Das ECTS ist ein studierendenorientiertes System zur Akkumulierung und Übertragung von Studienleistungen, das auf der Transparenz von Lernergebnissen und Lernprozessen basiert" (Europäische Kommission: Generaldirektion Bildung und Kultur, 2007, S. 1). Es dient u.a. der Anerkennung bzw. Anrechnung von Leistungen. Die ECTS-Credits, die erlangt werden können, beziehen den erforderlichen Arbeitsaufwand (Vorlesung, Selbststudium, etc.) zur Erreichung der Lernergebnisse ein. „Die Lernergebnisse beschreiben, was die Lernenden nach dem erfolgreichen Abschluss eines Lernprozesses wissen, verstehen bzw. können sollten; sie beziehen sich auf Deskriptoren für die Referenzniveaus in nationalen und europäischen Qualifikationsrahmen“ (Europäische Kommission: Generaldirektion Bildung und Kultur, 2007, S. 1). Ein ECTS-Credit entspricht in etwa 25 bis 30 Arbeitsstunden. Auf den nationalen Qualifikationsrahmen wird unter Punkt 7.5 näher eingegangen.

5 Kompetenz

Die Lernfelddidaktik kann als die curriculare Umsetzung des handlungsorientierten Unterrichts gesehen werden. Sie zielt auf eine umfassende Kompetenzentwicklung ab (Richter, 2002). Es lässt sich ableiten, dass Kompetenzen das Resultat sind, welches am Ende einer entsprechend ausgerichteten Ausbildung stehen soll und im Examen überprüft werden muss. Auch Pätzold (2006) sieht die Entwicklung beruflicher Handlungskompetenz als Ziel der beruflichen Bildung an. Folglich ist die EAR auf das Erlangen beruflicher Handlungskompetenz ausgerichtet, weil sie nach dem Lernfeldkonzept strukturiert ist und handlungsorientierte Lehr- und Lernprozesse vorsieht. Daher soll das Konstrukt „Kompetenz" bzw. „berufliche Handlungskompetenz" zunächst näher betrachtet werden, bevor sich das anschließende Kapitel mit der Prüfung von Kompetenzen beschäftigt.

Aus pädagogischer Sicht beschreibt der Begriff Kompetenz „menschliche Fähigkeiten, die dem situationsgerechten Verhalten zugrunde liegen und dieses erst ermöglichen" (Reetz, 2006, S. 305). Dabei führt er diese Auffassung von Kompetenz auf die linguistische Kompetenztheorie Chomskys zurück, welche zwischen Performanz[7] als dem Oberflächen-Verhalten und Kompetenz als dem Sprachpotential unterscheidet. Mit jenem Potential können mehr Sätze erzeugt werden als tatsächlich geäußert werden (Reetz). Auch Erpenbeck und von Rosenstiel (2007) sehen in Kompetenzen solche Fähigkeiten, die ein sinnvolles, selbstorganisiertes Handeln in komplexen Situationen erst erlauben. Sie definieren Kompetenzen als „Selbstorganisationsdispositionen des gedanklichen und gegenständlichen Handelns" (Erpenbeck & von Rosenstiel, S.XI). Im Kontext von Kompetenzmessung kommt auch bei Erpenbeck und von Rosenstiel die Performanz ins Spiel. Kompetenzen sind für sie nur anhand der tatsächlichen Performanz aufklärbar, stellen also eine Zuschreibung auf Grundlage von Beobachtungen des Handelnden dar.

Die Auseinandersetzung mit dem Begriff Kompetenz erfordert immer auch eine Abgrenzung zu anderen Begrifflichkeiten, welche häufig im gleichen Kontext verwendet werden. Erpenbeck und von Rosenstiel finden eine gute Ab-

---

[7] Performanz ist die sichtbare Handlung/ Ausführung. Kompetenz ist die „versteckte" Basis, die diese Handlung erst ermöglicht.

grenzung zu den Begriffen Qualifikation, Fertigkeit und Wissen. Sie beschreiben ihren Zusammenhang wie folgt: „Kompetenzen schließen Fertigkeiten, Wissen und Qualifikationen ein, lassen sich aber nicht darauf reduzieren." (S. XII), sondern sie umfassen zudem Regeln, Werte und Normen, die Handlungsfähigkeit in offenen, unsicheren und komplexen Situationen erst ermöglichen (Erpenbeck & von Rosenstiel). Ott (2007) greift diesen Zusammenhang in der Weise auf, dass Kompetenzen die Befähigung meint, „sich Qualifikationen anzueignen und mit ihnen eigenverantwortlich und handelnd umzugehen" (S.203).

Es wird also deutlich, dass es bei Kompetenzen nicht um etwas klar Abgegrenztes geht, sondern um Dispositionen, die einen Menschen zu einem deutlich größeren Handlungspotential befähigen. Gerade die fehlende Eindeutigkeit und Greifbarkeit von Kompetenzen sowie der indirekte Erfassungsweg über die Performanz stellen für die Prüfung von Kompetenzen eine große Herausforderung dar, auf welche im nachfolgenden Kapitel eingegangen wird.

Die KMK (2007) definiert Handlungskompetenz „als die Bereitschaft und Befähigung des Einzelnen, sich in beruflichen, gesellschaftlichen und privaten Situationen sachgerecht durchdacht sowie individuell und sozial verantwortlich zu verhalten. Handlungskompetenz entfaltet sich in den Dimensionen von Fachkompetenz, Humankompetenz und Sozialkompetenz" (S. 10).

Bonse-Rohmann, Hüntelmann und Nauerth (2008) haben auf Grundlage verschiedener Ansätze und einer intersubjektiv herbeigeführten Synthese des Kompetenzbegriffs durch das Projekt „ANKOM Gesundheitsberufe nach BBiG"[8] zentrale Definitionscharakteristika von Kompetenz beschrieben. Diese haben sie der Entwicklung von kompetenzorientierten Prüfungsinstrumenten für die Pflegeausbildung – welche der Ergotherapieausbildung nahe steht – zugrunde gelegt. Im weiteren Verlauf des vorliegenden Buches werden sie genutzt, um den Kompetenzbezug der Prüfungsmethoden aufzuzeigen. Bonse-Rohmann et al. fassen die zentralen Merkmale von Kompetenz wie folgt zusammen:

---

[8] ANKOM: Anrechnung beruflicher Kompetenzen auf Hochschulstudiengänge
BBiG: Berufsbildungsgesetz

Kompetenz wird verstanden:

- als ein ganzheitliches Handlungspotential
- mit einem deutlichen Subjekt- und Situationsbezug
- als Disposition einer Person, selbstorganisiert zu handeln
- als Disposition zur Bewältigung komplexer Handlungssituationen in verschiedenen Kontexten
- unter Rückgriff auf bereits vorhandene Fähigkeiten und Fertigkeiten
- wird in verschiedene Bereiche/Dimensionen unterteilt
- wird nur in der Performanz sichtbar. (S. 7)

Auch wenn es verschiedene Definitionen von Handlungskompetenz gibt, so ist doch die Unterteilung in die einzelnen Teilbereiche häufig zu finden. Eine gängige Variante ist die Aufgliederung in Fach-, Methoden-, Sozial- und Personalkompetenz wie bei Pätzold (2006). Auch in der EAR finden sich diese vier Bereiche wieder (MAGS, 2007). In der KMK-Handreichung wird die Methodenkompetenz (sowie kommunikative - und Lernkompetenz) als Bestandteil von Fach-, Human(=Personal)- und Sozialkompetenz angesehen (KMK, 2007). Die Definitionen der Teilkompetenzen der KMK stellen die Ausgangslage für die von Richter (2002) entwickelten Gütekriterien einer Lernhandlung dar, die im nächsten Kapitel näher betrachtet werden. Die KMK (2007) definiert die Teilkompetenzen wie folgt:

> **Fachkompetenz** bezeichnet die Bereitschaft und Befähigung, auf der Grundlage fachlichen Wissens und Könnens Aufgaben und Probleme zielorientiert, sachgerecht, methodengeleitet und selbstständig zu lösen und das Ergebnis zu beurteilen.
> **Humankompetenz** bezeichnet die Bereitschaft und Befähigung, als individuelle Persönlichkeit die Entwicklungschancen, Anforderungen und Einschränkungen in Familie, Beruf und öffentlichem Leben zu klären, zu durchdenken und zu beurteilen, eigene Begabungen zu entfalten sowie Lebenspläne zu fassen und fortzuentwickeln. Sie umfasst Eigenschaften wie Selbstständigkeit, Kritikfähigkeit, Selbstvertrauen, Zuverlässigkeit, Verantwortungs- und Pflichtbewusstsein. Zu ihr gehören insbesondere auch die Entwicklung durchdachter Wertvorstellungen und die selbstbestimmte Bindung an Werte.
> **Sozialkompetenz** bezeichnet die Bereitschaft und Befähigung, soziale Beziehungen zu leben und zu gestalten, Zuwendungen und Spannungen zu erfassen und zu verstehen sowie sich mit Anderen rational und verantwortungsbewusst auseinander zu setzen und zu verständigen. Hierzu gehört insbesondere auch die Entwicklung sozialer Verantwortung und Solidarität.
> Bestandteil sowohl von Fachkompetenz als auch von Humankompetenz als auch von Sozialkompetenz sind Methodenkompetenz, kommunikative Kompetenz und Lernkompetenz.

Methodenkompetenz bezeichnet die Bereitschaft und Befähigung zu zielgerichtetem, planmäßigem Vorgehen bei der Bearbeitung von Aufgaben und Problemen (zum Beispiel bei der Planung der Arbeitsschritte). (S.11)

6 Kompetenzorientiert prüfen

Dieses Kapitel befasst sich mit der Literaturlage zum Thema „Kompetenzorientiert prüfen", zeichnet Bezugspunkte und Ausrichtungen solcher Art des Prüfens auf und beschreibt Grundlegendes zur Erfassung und Messung von Kompetenzen.

Wie bereits in Kapitel 5 erwähnt sollen Kompetenzen als Ergebnis des handlungsorientierten Unterrichts im Examen geprüft werden. In der Betrachtung der Literaturlage zum Thema „Kompetenzorientiert Prüfen", ist festzustellen, dass es insgesamt wenig Veröffentlichungen zu diesem Thema gibt oder sie aber bei der Herausarbeitung der Problemlage, dass man sich vom herkömmlichen Prüfungswesen verabschieden muss, stehen bleiben. Eine Entwicklung neuer Prüfungsverfahren, vor allem für den schriftlichen Bereich, ist selten zu finden. Mehr Ideen gibt es hingegen zu prozessbegleitenden Erhebungsmöglichkeiten im mündlichen und praktischen Bereich bzw. zu Selbsteinschätzungsverfahren. Auch Ott (2007) stellt fest, dass es bislang an erprobten und validen Erhebungsinstrumenten fehlt, um berufliche Handlungskompetenz explizit zu erfassen und zu beschreiben.

Die Vorschläge der EAR zur Gestaltung von Lernprozessen orientieren sich an den Hinweisen der KMK-Handreichung zur Gestaltung handlungsorientierten Unterrichts. Da eine Prüfung inhaltlich und methodisch den vorangegangenen Unterricht abbilden sollte, sind diese Hinweise auch als Grundlage für die Planung des Examens zu sehen. Zudem macht die EAR wie bereits in 2.3 dargestellt einige kurze Hinweise zum Thema Prüfung. Fasst man beides zusammen, so sollte das schriftliche ET-Examen im Rahmen der EAR folgende Kriterien erfüllen:

- eine berufstypische Situation als Ausgangspunkt der Aufgabenkonstruktion
- ganzheitlich / fächerintegrativ
- Bewertung einer gedanklich vollzogenen Handlung
- Aufgabenstellung umfasst ggf. auch die gesellschaftlichen Auswirkungen der Handlung
- Aufgabe beinhaltet eine Problemanalyse und -lösung.

Auch nach Bonse-Rohmann et al. (2008) und Richter (2002) steht der selbsttätig Lernende im Mittelpunkt des handlungsorientierten Unterrichts, und die Prüfung sollte sich auf die Handlungskompetenz und das Handlungswissen der Lernenden beziehen. Aebli (1994) versteht unter verstandenem Handlungswissen das Wissen über Struktur, Teilschritte (inkl. Begründung und Zusammenwirken) und Ziel des Handelns. Übertragen auf die Arbeit von Ergotherapeuten kann dies zum Beispiel die Verinnerlichung des Therapieprozesses mit seinen Teilschritten oder das Vorgehen in der Anwendung einer Behandlungsmethode sein. Damit das Handlungswissen sich tatsächlich auf die Bewährung in außerschulischen Situationen (Mietzel, 2007) bezieht, müssen reale Berufssituationen Ausgangspunkt der Prüfungskonstruktion sein (KMK, 2007). Dies wird im Rahmen der Fallkonstruktion wieder aufgegriffen, wenn Fälle nach Möglichkeit der Realität entstammen oder möglichst realitätsnah konstruiert werden. Nach Jungkunz und Litz (2005) geht es an dieser Stelle um die Prüfung als Qualifikationsnachweis, welcher solche Qualifikationen erfassen sollte, die auch tatsächlich im Beruf gefordert werden. Dies betrifft sowohl die inhaltliche Seite als auch die methodische Gestaltung und das Anforderungsniveau. Nur auf diese Weise kann die Prüfung eine Aussage darüber machen, dass die Schüler in der Lage sind, ihr Wissen sinnvoll anzuwenden (Mietzel, 2007) und sich zukünftig im Beruf zu bewähren, welches von Jungkunz und Litz als Prognosefunktion bezeichnet wird. Wiggins (1993, zitiert nach Mietzel, 2007) betont hierbei die Urteilsfähigkeit, welche erforderlich ist, um die Anwendung des Wissens im jeweiligen Kontext abzuwägen.

Nachdem Bezugspunkte und Ausrichtung handlungsorientierten Prüfens dargelegt wurden, erfolgen nun Ausführungen zur Erfassung und Messung von (Handlungs-) Kompetenz als solcher. Dazu sind zunächst folgende Punkte festzuhalten:

1. Kompetenz ist nicht direkt beobachtbar, sondern wird erst in der Performanz sprich im Handlungsvollzug sichtbar (Erpenbeck & von Rosenstiel, 2007; Mietzel, 2007; Richter, 2002).
2. Die Messung beruflicher Handlungskompetenz muss alle Teilkompetenzen umfassen. Die Teilkompetenzen bilden einen möglichen Ausgangspunkt zur Entwicklung von Beobachtungs- bzw. Beurteilungskriterien be-

ruflicher Handlungskompetenz (Hundenborn, 2007; Junkunz & Litz, 2005; Ott, 2007; Richter, 2002; Simon, 2005).

Erpenbeck und von Rosenstiel (2007) erläutern zu Punkt 1, dass man nur über die tatsächliche Performanz zur Erfassung von Kompetenz gelangen kann. Dabei sei die Kompetenz eine Zuschreibung auf Grundlage von Beobachtungen des Handelnden. Sie ist also nicht auf das Leistungsresultat, sondern auf das Subjekt, das diese Leistung hervorbringt, gerichtet (Subjektbezug) (Erpenbeck & von Rosenstiel). Die Beobachtung von Kompetenz bewege sich zwischen zwei Polen: Auf der einen Seite ein erklärungsorientierter Denkstil, welcher anhand objektiver Messverfahren zu möglichst definierten Größen und einer Erklärung von Kompetenz gelangt. Auf der anderen Seite ein human- und sozialwissenschaftlicher Ansatz, der mittels subjektiver Einschätzungs- und Beschreibungsverfahren Kompetenz verstehen möchte. Ersterer nutzt als Messverfahren Fremdeinschätzungen, letzterer Selbsteinschätzung (Erpenbeck & von Rosenstiel). Letztendlich seien viele Verfahren dazwischen angesiedelt. Sie möchten menschliche Komplexität erfassen und dennoch zuverlässige Aussagen treffen.

Nach Knigge-Demal und Eylmann (2006) sollte in schriftlichen Prüfungen, in denen die Handlungsfähigkeit nicht direkt beobachtet werden kann, auf Instrumente zurück gegriffen werden, die eine Handlung abbilden, wie zum Beispiel die schriftliche Erläuterung einer beruflichen Situation. Sie weisen darauf hin, dass das vom Schüler beschriebene Handeln auch nur eine Zuschreibung, sprich eine Hypothese ist, analog dem Übertrag von Performanz auf Kompetenz.

Spöttl und Musekamp (2009) betrachten Ergebnisse aus der Arbeitspsychologie und der Expertiseforschung und kommen zu dem Schluss, dass Wissen und Handeln sich nicht eindeutig bedingen und daher Performanz in wirklichen Arbeitssituationen den verlässlichsten Indikator für Kompetenz darstellt. Sie erläutern ferner, dass es im Bereich der beruflichen Bildung schwieriger ist, an die zu messenden Kompetenzstrukturen zu gelangen als im allgemeinbildenden Bereich. Durch die verschiedenen Berufe entsteht laut Spöttl und Musekamp ein heterogenes Bild: Aus den jeweiligen berufstypischen Situationen müssen die benötigten Kompetenzen abgeleitet werden. Für die allgemeinbildenden Schulen stelle sich das Kompetenzbild wesentlich einheitlicher dar und könne aus den Curricula oder nationalen Bildungsstandards entnommen werden.

Wenn nun nach Erpenbeck und von Rosenstiel Kompetenz eine Zuschreibung auf Grundlage von Beobachtungen ist, so bedarf es für eine Prüfungssituation gut handhabbarer Kriterien, auf die die Beobachtung ausgerichtet ist. An dieser Stelle sind die von Richter (2002) im Rahmen des SELUBA-Projektes[9] entwickelten „Gütekriterien einer Lernhandlung“ anzuführen. Auch Richter stellt fest, dass Handlungskompetenz ein Konstrukt ist, welches nur indirekt beobachtbar ist. Daher hat er von den Teilkompetenzen der Handlungskompetenz ausgehend mittels der QUIND-Methode[10] (Landesinstitut für Schule und Weiterbildung Soest, 1999) auf hermeneutischem[11] Weg Indikatoren - die Gütekriterien einer Lernhandlung - entwickelt (Richter). Er hat dazu die Definitionen der Teilkompetenzen aus der KMK-Handreichung von 2000 verwendet, welchen denen von 2007 entsprechen, die im Kapitel 5 aufgeführt wurden. Richter betont dabei, dass die Gütekriterien einer Lernhandlung nicht die Handlungskompetenz messen, sondern Indikatoren für ihr Vorliegen darstellen. Um Aussagen bezüglich des Ausprägungsgrades von Handlungskompetenz machen zu können, müssen die Gütekriterien einer Lernhandlung für die konkrete Aufgabe/ Situation operationalisiert und mit einer Ordinalskala verbunden werden (Richter, 2002). Richter geht davon aus, dass man auf diesem Wege zu einem verlässlicheren Lehrerurteil gelangen kann, da wesentliche Faktoren von Handlungskompetenz zielgerichtet beobachtet und bewertet werden können.

Die Gütekriterien einer Lernhandlung mit ihren Arbeitsdefinitionen (Richter, 2002, S. 14-15) sind in Tabelle 1 dargestellt.

[9] SELUBA = Steigerung der Effizienz neuer Lernkonzepte und Unterrichtsmethoden in der dualen Berufsausbildung; ein Projekt der Bund-Länder-Kommission für Bildungsplanung und Forschungsförderung.

[10] QUIND = QUalitätsINDikatoren. Die QUIND-Methode dient Schulen als Analyse-, Gestaltungs-, und Steuerungsinstrument für innerschulische Prozesse und basiert auf dem Vorgehen einer zielorientierten Projektplanung.

[11] Hermeneutisch = erklärend, auslegend

Tabelle 1: Gütekriterien einer Lernhandlung

Gütekriterium	Arbeitsdefinition
Zielgerichtetheit	bezeichnet die Fähigkeit, Probleme methodengeleitet und strukturiert zu lösen
Selbstreflexion	bezieht sich auf die Fähigkeit und Bereitschaft, eigene Fähigkeiten selbstkritisch einzuschätzen und sich kreativ mit dem Handlungsgegenstand auseinander zu setzen
Selbständigkeit	bezeichnet die Fähigkeit, Problemsituationen ohne äußere Hilfe zu lösen und zur Verfügung stehende Hilfsmittel sinnvoll einzusetzen
soziale Eingebundenheit	bezieht sich auf die Fähigkeit, einen Gruppenprozess mit zu tragen
Gegenstandsbezug	bezieht sich auf die Fähigkeit, Probleme unter Berücksichtigung gängiger Normen und Vorschriften fachgerecht zu lösen

An dieser Stelle sei kritisch angemerkt, dass Richter beim Überführen der Schlüsselbegriffe (aus der Definition der Teilkompetenzen entnommen) in die Arbeitsdefinitionen beim Gütekriterium der Selbstreflexion sehr stark gekürzt hat und vieles unter der ungenauen Formulierung „kreativ mit dem Handlungsgegenstand auseinandersetzen“ (Richter, 2002, S. 14) zusammengefasst hat. Hier wird eventuell sichtbar, dass die Kriterien eher für technische als für soziale Berufe entwickelt wurden. Da dem Kriterium der Selbstreflexion bei einem Ergotherapeuten ein hoher Stellenwert beigemessen wird, seien hier sämtliche Schlüsselbegriffe aufgeführt: „eigene Begabung entfalten, Kritikfähigkeit, Selbstvertrauen, Zuverlässigkeit, individuell, Wertvorstellungen, selbstbestimmte Bindung an Werte“ (Richter, 2002, S. 14). Es sollte also überlegt werden, ob für Prüfungen, die die Selbstreflexion genauer erheben sollen, dieses Gütekriterium weiter differenziert wird. Auch das Gütekriterium der sozialen Eingebundenheit sollte für die Ergotherapie noch weiter ausgebaut werden, da hier der Umgang mit den Klienten als wichtiger Aspekt sozialer Kompetenz zu sehen ist. Eine Übertragung der Gütekriterien auf das ergotherapeutische Handeln und die Operationalisierung an einer Beispielaufgabe findet sich unter 7.16. Hundenborn (2007) weist ebenfalls daraufhin, kritisch zu betrachten, ob die Gütekriterien einer Lernhandlung nach Richter das personenbezogene Handeln in Pflegesituationen hinreichend erfasst. Sie empfiehlt hier die konstitutiven Elemente einer Pflegesituation (siehe 7.9.2.1) für die Entwicklung von Gütekriterien und deren Operationalisierung zu nutzen.

Bei der Konzeption kompetenzorientierter Prüfungsverfahren sollten weiterhin folgende Punkte Beachtung finden. Für ein differenziertes Bild sind Prüfungen auf einer breiten, vielfältigen Basis (Beobachtungen, Gespräche etc.) aufzubauen (Allendorf, 2002; Richter, 2002) und verschiedene Handlungssituationen mit unterschiedlichen Anforderungen zu berücksichtigen (Kaufhold, 2009). Eine Handlung dient dazu, in einer (Problem-)situation etwas Eigenes hervorzubringen (Mietzel, 2007), in der es nicht nur eine einzige richtige Lösung gibt. Dies stellt gerade für die Formulierung des Erwartungshorizontes eine Herausforderung dar. Prüfungen im Lernfeldkonzept erfordern zudem eine enge Zusammenarbeit der Lehrer und sollten innerhalb der didaktischen Jahresplanung konzipiert und abgestimmt werden (Richter, 2002).

7 Konzipierung von Prüfungen

Dieser Teil der Arbeit beschäftigt sich mit der Entwicklung von Prüfungen und verfolgt dabei zwei Linien: Zum einen werden zu jedem Arbeitsschritt allgemeine Hinweise gegeben, und zum anderen werden diese Hinweise dann speziell auf das schriftliche Examen in der Ergotherapieausbildung angewandt. Dabei soll der Schwerpunkt auf kompetenzorientierten Prüfungsverfahren liegen, die für die drei schriftlichen Prüfungsteile als geeignet empfunden werden.

Die einzelnen Schritte in der Konzipierung sind angelehnt an das von Sacher (2004) sowie Depping und Schneider (2003) empfohlene Vorgehen.

1. Bestimmung der Prüfungsinhalte
2. Auswahl der Prüfungsmethode
3. Festsetzen des Anforderungsniveaus
4. Bestimmung des Aufgaben- und Prüfungsumfangs
5. Formulierung der Aufgaben
6. Anordnung der Aufgaben
7. Ausarbeitung einer Musterlösung
8. Erstellung eines Bewertungsschemas

Auf den Punkt „Auswahl der Prüfungsform" (Sacher) bzw. „Auswahl der Prüfungsmodalität" (Depping & Schneider) wurde verzichtet, da dieser bereits durch das Thema dieses Buches festgelegt ist. Dabei würde es um die Entscheidung zwischen mündlicher, schriftlicher oder praktischer Prüfung gehen. Eigentlich ist dieser Schritt nach der Bestimmung der Prüfungsinhalte angesetzt. Der Punkt 8 „Erstellung eines Bewertungsschemas" wurde als neuer eigener Punkt hinzugefügt, da er über die reine Punktevergabe entlang einer Musterlösung, wie bei Depping und Schneider vorgeführt, hinausgehen soll.

7.1 Bestimmung der Prüfungsinhalte

Bei der Bestimmung der Inhalte sollte laut Sacher (2004) darauf geachtet werden, dass die Aufgabenstichprobe der Prüfung repräsentativ für die

Grundmenge aller überhaupt möglichen Aufgaben ist. Repräsentativität sei durch die proportionale Abbildung des zugrunde liegenden Unterrichts zu erreichen. Das heißt: Inhalte, die im Unterricht einen großen Umfang eingenommen haben, sollten diesen auch in der Prüfung eingeräumt bekommen. Sacher führt weiterhin aus: "Wenn Repräsentativität nicht erreichbar ist, dann sind im Zweifelsfalle bedeutsamere Inhalte gegenüber weniger bedeutsamen vorzuziehen" (Sacher, 2004, S. 57). Dabei könne die Bedeutsamkeit sowohl retrospektiv als auch prospektiv eingeschätzt werden. Die retrospektive Sichtweise betrachtet im Unterricht bedeutsame Inhalte, welche nach Sacher meist an der dafür verwendeten Zeit oder durch besondere Methoden, wie z.B. ein Projekt, zu erkennen sind. Die prospektive Einschätzung nimmt die zukünftige Bedeutung der Inhalte in den Blick, also ihre Bedeutung für zukünftige Lernsituationen oder die Anwendung im privaten, öffentlichen oder Berufsleben (Sacher, 2004). Die prospektive Bedeutung hat gerade im Kontext des Examens, als der Schnittstelle zum Berufsleben, einen hohen Stellenwert. Die Auswahl der Inhalte korrespondiert zudem mit den Testgütekriterien. So bestimmen proportionale Abbildung und retrospektive Bedeutsamkeit die Inhaltsvalidität und die prospektive Bedeutsamkeit die Prognosevalidität (Sacher, 2004).

7.2 Bestimmung der Prüfungsinhalte für das schriftliche ET-Examen

Zunächst wird das in diesem Fall angewandte Vorgehen zur Bestimmung der Prüfungsinhalte dargelegt, bevor die konkreten Inhalte der einzelnen Prüfungsteile benannt werden.

Im ET-Examen werden die Prüfungsinhalte an erster Stelle durch die ErgThAPrV festgelegt. Diese regelt jedoch lediglich die jeweils zu prüfenden Fächer in den drei Prüfungsteilen. Für das Examen im Rahmen der EAR ist von Bedeutung, welche Lerneinheiten den jeweiligen Fächern zugeordnet werden, um eine Aussage treffen zu können, welche Lerneinheiten Bestandteil welches Prüfungsteils sind. Eine entsprechende Übersicht ist den Tabellen 7-9 im Anhang zu entnehmen. Diese Zusammenstellung und auch die weiter unten beschriebene Schwerpunktsetzung sollen den Ergotherapieschulen in der Modellphase der EAR nicht nur zur Konzeption der schriftlichen Prüfung dienen. Sie sind ebenfalls gedacht zur Unterstützung der Gespräche über das Examen mit den Zuständigen des MAGS-NRW wie auch für die späteren Genehmigungsverfahren durch die jeweilige Prüfungsbehörde. Auch den Schülern kann die Zusammenstellung zur Strukturierung ihres Lernprozesses in der Vorbereitung auf die Prüfung dienen.

Nachdem bestimmt wurde, welche Lerneinheiten Bestandteil der Prüfungsteile sind, ist entsprechend den oben dargelegten Forderungen von Sacher zu bestimmen, welche Inhalte einen erheblichen Umfang und eine große Bedeutung im Unterricht hatten, und es ist einzuschätzen, welche einen hohen Stellenwert im Berufsleben haben werden. Zur Herausbildung der Schwerpunkte der einzelnen Prüfungsteile wurden folgende Angaben der EAR zur Hilfe gezogen:

- die den Lerneinheiten übergeordneten Teilbereiche,
- der Stundenanteil der Lerneinheit, der diesem Prüfungsteil (über die APrV-Fächer) zugerechnet wird, sowie der gesamte Stundenumfang der Lerneinheit,
- Auszüge aus den Zielbeschreibungen der Lerneinheiten.

Die Teilbereiche bilden an einigen Stellen einen hilfreichen thematischen Zusammenschluss (in Bezug auf die Prüfungskonzeption) von mehreren Lerneinheiten. Dieser verhindert bei der Herausfilterung der Schwerpunkte zu sehr ins Detail zu schauen. Die Auflistung der Stundenanteile greift die Forderung von Sacher (2004) nach der Abbildung des zeitlichen Umfangs auf. Hier sei jedoch angemerkt, dass die Summen, die sich bei der Schwerpunktsetzung ergeben, natürlich immer von der gewählten thematischen Gruppierung der Lerneinheiten abhängen. Die Auszüge aus den Zielbeschreibungen sollen die Titelangaben der Lerneinheiten ergänzen, soweit diese nicht als selbsterklärend angesehen wurden. Ferner wird damit versucht, eine gewisse „Unsauberkeit“ in der Erstellung der EAR, die bei genauerer Betrachtung deutlich wurde, zu kompensieren. So sind die Titel und Zielbeschreibungen teilweise unterschiedlich formuliert, obwohl sie eigentlich den gleichen Abschnitt des Therapieprozesses, nur auf eine andere Klientengruppe bezogen, beschreiben. Hier fehlt es an einer durchgängigen Systematik in der EAR. Auch enthält die Zielbeschreibung manchmal Elemente des ergotherapeutischen Prozesses (ET-Prozess), die im Titel nicht enthalten sind.

Insgesamt bedurfte es eines gewissen Pragmatismus, um Schwerpunkte bzw. thematische Einheiten herauszubilden. An dieser Stelle sei darauf hingewiesen, dass es dadurch zu Problemen bei der Genehmigung durch die jeweils zuständige Prüfungsbehörde kommen kann. Hier ist eventuell eine Übergangslösung zu empfehlen: Inhalte, die gut fächerintegrativ geprüft werden können, werden in dieser Form erhoben und ausstehende Inhalte/ Fächer durch zusätzliche Fragen. Perspektivisch ist analog zu der Entwicklung in der Pflege zu hoffen, dass auch in den therapeutischen Berufen von NRW ein Impuls auf Bundesebene ausgeht in der Hinsicht, dass die gesetzlichen Vorgaben den Kompetenzgedanken aufgreifen und die Prüfungsvorgaben entsprechend geändert werden.

Es wurden für die Prüfungsteile je eine Tabelle (siehe Tabellen 10-12 im Anhang) erstellt, welche die aus der EAR entnommenen Informationen enthalten. Aus dieser Tabelle wurden die Schwerpunkte herausgefiltert, welche unter 7.2.1 - 7.2.3 beschrieben werden.

Um eine höhere Verknüpfung mit der Berufsrealität herzustellen und sich vom bloßen Abfragen von Faktenwissen zu distanzieren, wurden die herausgearbeiteten Inhaltsschwerpunkte den Phasen des ET-Prozess zugeordnet. In Anlehnung an Hagedorn (2000) besteht er aus den folgenden Phasen:

1. Informationen sammeln (über Patient, Situation, Probleme)
2. Informationen auswerten
3. Behandlungsziele formulieren
4. Prioritäten festlegen
5. Schritte entscheiden
6. Durchführung
7. Evaluation des Ergebnisses

Ferner wurde beispielhaft für den ersten Prüfungsteil eine berufstypische Situation mit ihren konstitutiven Merkmalen skizziert, welche nach Klemme, Geuter und Siegmann (2005) den Anwendungsbezug der Inhalte verdeutlichen soll. Diese ist im Anhang in Tabelle 13 dargestellt und wird unter 7.10 (Formulierung der Aufgaben für das schriftliche ET-Examen) als Ausgangspunkt für die Beispielaufgabe genutzt. Es wurden dabei die von Klemme et al.

(2005) beschriebenen konstitutiven Merkmale einer Therapiesituation verwendet. Beide Schritte (Zuordnung zum ET-Prozess und Therapiesituation) unterstützen zudem die Auswahl der geeigneten Aufgabenform im nächsten Arbeitsschritt.

Nach dem dargelegten Vorgehen ergeben sich für die Prüfungsteile nun folgende Schwerpunkte und Zuordnungen zum ET-Prozess:

7.2.1 Prüfungsteil 1

(ErgThAPrV: Allgemeine Krankheitslehre; Spezielle Krankheitslehre einschließlich diagnostischer, therapeutischer, präventiver und rehabilitativer Maßnahmen sowie psychosozialer Aspekte; Grundlagen der Arbeitsmedizin)

Schwerpunkte:

- Krankheitsbilder und Therapie (190)[12]
- Analyse von Bewegung und Verhalten hinsichtlich folgender Grundlagen: strukturell, funktionell, psychisch und sozioemotional (50)
- Handlungsfähigkeit von Kindern (Analyse von Tätigkeiten, Umwelt, Entwicklungsstand; Maßnahmen planen, entwickeln und durchführen) (51)
- Handlungsfähigkeit von älteren Menschen (Auswirkungen von Alterserkrankungen; Befund, Planung, Intervention) (39)
- Wohnumfeld- und Arbeitsplatzanalysen (20)
- Gesundheitssystem (10)
- Gesundheitsmodell (10)

Bezogen auf den ET-Prozess geht es in diesem Prüfungsteil vor allem um Informationssammlung und Auswertung, sprich Anamnese und Befunderhebung. Bei den Analysen als Teil der Befunderhebung, unter Einbeziehung des Grundlagenwissens, stehen hier die strukturellen, funktionellen und psychischen Grundlagen im Vordergrund. Der Klientenfokus liegt auf Kindern und älteren Menschen, wobei letztere nur in diesem Prüfungsteil vorkommen. Die Lerneinheiten, die zum Teilbereich „Handlungsfähigkeit von Kindern“ zu-

[12] Die Zahlenangaben in den Klammern spiegeln die Stundensummen wider, die sich aus dem Zusammenziehen von Einheiten/ Themen zu einzelnen Schwerpunkten ergeben. Siehe dazu auch die ausführliche Tabelle im Anhang.

sammengefasst werden, sind Bestandteil des ersten und des zweiten Prüfungsteils. Die Vernetzung der Bestandteile, die Handlungsfähigkeit ausmachen, erschwert es festzulegen bzw. zu empfehlen, welche Anteile welchem Prüfungsteil zugeordnet werden sollten. So könnte zum Beispiel die Entwicklung und die Tätigkeitenanalyse mit Betonung auf strukturellen, funktionellen und sozioemotionalen Grundlagen Bestandteil des ersten Prüfungsabschnitts sein. Im zweiten Teil könnte die Betonung der Analyse mehr auf den neurowissenschaftlichen Grundlagen der Tätigkeiten und auf der Analyse der Lebensumwelt (u.a. soziale Einflüsse) liegen. Thema im zweiten Teil kann zudem die Kommunikation und Interaktion mit Kindern und ihren Eltern in der Behandlung sein (siehe Schwerpunkte Teil 2). Schwierig zu den ersten beiden Prüfungsteilen zuzuordnen ist sowohl bei den Kindern als auch bei den älteren Menschen der Punkt Maßnahmen planen und durchführen. Denn dieser fällt aus den Abschnitten des ET-Prozesses „Informationen sammeln“ und „Informationen auswerten“ heraus und gehört thematisch eher zum dritten Prüfungsteil, wo er nach der Zuordnung der Lerneinheiten zu den Fächern jedoch nicht auftaucht. Nach Ansicht der Autorin können auch die Maßnahmen im pädiatrischen Bereich zu den Behandlungsverfahren subsumiert werden, die Inhalt des dritten Prüfungstags sind. Wie diese Herausforderung letztendlich gelöst wird ist Sache der jeweiligen Schule in Absprache mit den Prüfungsbehörden.

Einen deutlich kleineren Stellenwert nehmen die beiden Themen Gesundheitssystem und Gesundheitsmodell ein. Letzteres bildet ein Stück weit die Grundlage im Sinne der Grundauffassung des Handelns und kann auf diesem Wege eventuell mit einbezogen werden. Das Gesundheitssystem als Bestandteil der Rahmenbedingungen, die ergotherapeutisches Handeln bestimmen, taucht auch im zweiten Prüfungsteil wieder auf.

7.2.2 Prüfungsteil 2

(ErgThAPrV: Psychologie & Pädagogik; Behindertenpädagogik; Berufs-, Gesetzes- und Staatskunde)

Schwerpunkte:

- Analyse von Verhalten und Bewegung hinsichtlich folgender Grundlagen: medizinisch, neurowissenschaftlich (neurophysiologisch/ -psychologisch), psychologisch, psychiatrisch, sozioemotional (90)

- Handlungsfähigkeit von Kindern (Analyse von Tätigkeiten, Umwelt, Entwicklungsstand; Maßnahmen planen, entwickeln und durchführen) (62)
- Kommunikations- und Interaktionsprozesse verstehen und gestalten (inkl. Analyse, Bewertung; Einzel und Gruppen) (50)
- Schwierige soziale Situationen (44)
- Berufssituation, Institutionen, Rahmenbedingungen ergotherapeutischer Arbeit (38)
- Rollen, Lebensbereiche/ -situation von Kindern & Jugendlichen und Menschen mit Behinderungen & chronischen Erkrankungen (33)
- Lernen (24)
- Bedeutung und Formen von Arbeit (10)

Bezogen auf den ET-Prozess geht es in diesem Prüfungsteil weniger um einen konkreten Abschnitt. Vielmehr werden hier Situationen in den Blick genommen, die an verschiedenen Stellen im Prozess vorkommen können sowie Rahmenbedingungen, die den gesamten Prozess umschließen und beeinflussen. Betrachtet wird hier die Kommunikation und Interaktion, die während des gesamten Prozesses stattfindet sowie schwierige soziale Situationen, die während des Prozesses auftreten können. Dabei können die Überlegungen sich sowohl auf die Mikroebene, sprich die Behandlung, als auch auf die Mesoebene, zum Beispiel die Zusammenarbeit mit Kollegen und Vorgesetzten, beziehen.

Ein anderer Schwerpunkt sind die Rahmenbedingungen ergotherapeutischer Arbeit, wie die Institutionen oder das Gesundheitssystem. Der Klientenfokus bei diesem Prüfungsteil liegt auf Kindern und Menschen mit Behinderung, letztere sind nur in diesem Abschnitt Thema. Auch die Analysen als Teil der Befunderhebung, unter Einbeziehung des Grundlagenwissens, tauchen in diesem zweiten Prüfungsteil wieder auf. Jedoch stehen hier mehr die neurowissenschaftlichen und psychischen Grundlagen im Vordergrund. Nun verbleiben noch zwei Schwerpunkte, die sich weniger gut in die anderen Punkte eingliedern: „Lernen“ und „Bedeutung und Formen von Arbeit“.

7.2.3 Prüfungsteil 3

(ErgThAPrV: Motorisch-funktionelle/ Neurophysiologische/ Neuropsychologische/ Psychosoziale Behandlungsverfahren und Arbeitstherapeutische Verfahren)

Schwerpunkte:

- ET-Prozess planen, gestalten und dokumentieren (auf allgemeiner Ebene) (exkl. Zielformulierung!) (60)
- Befunderhebung und Therapie inkl. Auswahl von Mitteln und Methoden (in allen Fachgebieten/ Arbeitsfeldern/ Behandlungsverfahren) (414)
- Handlungsfähigkeit von Menschen im Erwachsenenalter aufbauen und erhalten - Schwerpunkt Berufstätigkeit und häusliche Lebensumwelten (80)
  (die Lerneinheit II.18 „Arbeitsbezogene Kompetenzen diagnostizieren und fördern" könnte man auch dem Punkt „Befunderhebung und Therapie" zurechnen, da es das Äquivalent in der Arbeitstherapie darstellt; sie enthält 50 Stunden)
- Handlungsfähigkeit von Kindern und Jugendlichen aufbauen und erhalten - Schwerpunkt Spiel, kindliche Entwicklung und Bildung (20)

Bezogen auf den ergotherapeutischen Prozess geht es in diesem Prüfungsteil um den gesamten ET-Prozess mit allen seinen Teilschritten. Dabei sind alle Arbeitsfelder bzw. Behandlungsverfahren Thema in bzw. mit denen Ergotherapeuten arbeiten. Die Klienten, die hier vorrangig betrachtet werden sollen, sind Erwachsene und Kinder.

7.3 Auswahl der Prüfungsmethode

Nach der Bestimmung der Prüfungsinhalte steht die Auswahl einer geeigneten Prüfungsmethode an. Dazu werden hier zunächst verschiedene schriftliche Prüfungsformen erläutert, die zur Prüfung von Kompetenzen geeignet sind. Im Anschluss wird dargestellt, welche davon und wie sie sich für das schriftliche ET-Examen anbieten.

In der Betrachtung der Literatur zu kompetenzorientierten schriftlichen Prüfungen tauchen zwei Sachverhalte immer wieder auf: entweder eine reale berufstypische Situation als Ausgangspunkt der Aufgabenstellung oder ein zu bearbeitender Fall. Daher sollen die beiden Begrifflichkeiten Situation und Fall zunächst voneinander abgegrenzt werden, bevor auf einzelne Prüfungsformen genauer eingegangen wird. Bei der Recherche wurden zudem noch weitere „kleinere" kompetenzorientierte schriftliche Prüfungsverfahren gefunden. Diese bieten sich an, als Aufgabe einer Situation oder einem Fall angegliedert zu werden. Sie werden unter 7.3.4 - 7.3.6 vorgestellt.

7.3.1 Situation versus Fall

Ein Fall ist die „Beschreibung einer konkreten Situation aus dem Alltagsleben, die anhand bestimmter Tatsachen, Ansichten und Meinungen dargestellt wird, auf deren Grundlage eine Entscheidung getroffen werden muss" (Kaiser, 1983, zitiert nach Hundenborn, 2007). Hier wird bereits deutlich, dass die Falldarstellung bestimmte Merkmale enthält und zu einer Entscheidung oder Handlung herausfordert. Ein Fall ist zudem eine Abfolge von Begebenheiten, enthält also eine prozesshafte, zeitliche Dimension und bezieht Individuen als Akteure ein (Steiner, 2005 zitiert nach Hundenborn, 2007). Hundenborn (2007) zeigt verschiedene Definitionen des Falls auf und kommt zu dem Schluss, dass dieser Begriff von jedem Beruf und auch innerhalb einer Berufsgruppe unterschiedlich gefüllt wird. Sie begründet dies mit der Verschiedenheit der jeweiligen Handlungsfelder und Aufgaben.

Demgegenüber lässt sich eine Situation wie folgt bestimmen. Handeln ist für Kaiser (1985) keine abstrakte Tätigkeit, sondern ist immer an eine konkrete Situation gebunden. Diese Situation bildet den Rahmen, in dem sich berufliches Handeln vollzieht. Eine Situation lässt sich nach Kaiser mit den Situationsmerkmalen Rollenstruktur, Handlungsmuster, Situationszweck und Ausstattung beschreiben. Der darauf basierende situationsorientierte Ansatz wurde von Hundenborn und Knigge-Demal für die Pflege weiterentwickelt und durch Klemme, Geuter und Siegmann an die Physiotherapie angepasst (Klemme et al., 2005). Eine therapeutische Situation wird demnach durch die folgenden konstitutiven Merkmale gekennzeichnet:

- objektiver und subjektiver Therapieanlass,
- subjektives Erleben und Verarbeiten des Klienten,
- Interaktionsstrukturen,

- Therapeutische Prozesse (Handlungsmuster),
- Tätigkeitsfeld,
- Gesellschaftssystem (Klemme et al., 2005).

Eine genauere Darstellung der Merkmale erfolgt unter Punkt 7.9.2 (Fallkonstruktion und –auswahl). Situationen beruflichen Handelns lassen sich nach Klemme et al. (2005) drei verschiedenen Ebenen zuordnen, und zwar der von Bronfenbrenner entwickelten Struktur der Mikro-, Meso- und Makroebene. Der therapeutische Prozess als solcher, sprich die Behandlung, bildet die Mikroebene, der fachliche Austausch mit Kollegen, die Kommunikation mit dem Arzt und den Kostenträgern die Mesoebene und die Vertretung des Berufs in Gremien die Makroebene (Klemme et al., 2005).

Wie gehören nun Fall und Situation zusammen? Die Situation stellt das Grundgerüst eines Falls dar. Eine Situation ist nach Hundenborn (2007) jedoch nicht per se als Fall zu verstehen, sondern wird erst dann zu einem, „wenn Menschen über eine Situation nachdenken, darüber sprechen oder schreiben, wenn sie sich der Situation also bewusst werden“ (S. 38). Der Fall unterliegt laut Hundenborn immer dem persönlichen Hintergrund dessen, der sich mit dem Fall auseinandersetzt. Auch im Verwendungszusammenhang wird ein Unterschied zwischen Fall und Situation deutlich. Zwar sind beide als Ausgangspunkt für Lehr- und Lernprozesse nutzbar, die Situation bietet sich jedoch durch ihren abstrakteren, objektiveren Charakter auch als Orientierungspunkt und Entscheidungshilfe für curriculare Entscheidungen an.

7.3.2 Die situationsbezogene schriftliche Klassenarbeit

Der Begriff der „situationsbezogenen schriftlichen Klassenarbeit“ findet sich bei Richter (2002). Sie soll zur Prüfung im Rahmen des Lernfeldkonzeptes einsetzbar sein und verlangt von den Schülern, „dass sie das in einem Lernfeld oder einer Lernsituation Gelernte zur schriftlichen Lösung einer Problemstellung anwenden“ (Richter, 2002, S. 24). Bei der Auswahl der Situation ist, wie bereits im Kapitel 6 herausgearbeitet wurde, darauf zu achten, dass es eine reale, berufstypische Situation ist. Diese sollte nach Mohr (2008) eine Situationen bzw. Problemstellung aus dem beruflichen Kontext sein, aus der sich Handlungsbedarf ergibt. Die Schüler sind dann aufgefordert, ihr Handlungswissen bzw. dessen kognitiven Vollzug anzuwenden, und gelernte

Handlungsschemata wie Planung, Durchführung und Kontrolle zu verfolgen (Richter, 2002). Ferner eignet sich eine solche Klausur dazu fächerübergreifendes Denken, Problemanalyse aus verschiedenen Perspektiven und den Transfer von Wissen aus der Praxis zur Lösung von Problemen zu beurteilen (Mohr, 2008). Hier wird bereits deutlich, dass eine solche Aufgabenstellung gut im ergotherapeutischen Kontext anzuwenden ist. So findet das von Richter benannte Handlungsschema im ET-Prozess sein Äquivalent. Auch die Problemanalyse aus verschiedenen Perspektiven bietet sich in personenbezogenen Dienstleistungen wie der Ergotherapie sehr an, da die Therapeuten aufgefordert sind, die berufliche Situation auch aus anderer Perspektive, wie der Klienten- und Angehörigensicht, einzuschätzen. Ferner müssen Ergotherapeuten fächerübergreifend denken, wenn sie das Wissen aus verschiedenen Bezugsdisziplinen in ihr Handeln integrieren wollen.

Alle zu prüfenden Inhalte sowie die Aufgaben sollten laut Richter (2002) von der Situation ausgehen oder direkten Bezug zu ihr haben. Hundenborn und Kühn-Hempe (2006) weisen darauf hin, dass durch den Praxisbezug (der konkreten Situation) während der Bearbeitung leichter der Handlungslogik der jeweiligen Situation gefolgt werden kann. In Abhängigkeit von der Weite der Fragestellung (Hundenborn & Kühn-Hempe) bzw. der Stärke der Untergliederung der Teilaufgaben (Richter) verändert sich der Handlungsspielraum in der Bearbeitung. Je enger die Aufgabe gefasst wird, desto geringer ist die Möglichkeit, etwas über die Selbständigkeit der Schüler und ihre Verinnerlichung von Handlungsabläufen und -strukturen zu sagen (Hundenborn & Kühn-Hempe; Richter). Richter empfiehlt daher die Schüler im Ausbildungsverlauf zunehmend an weniger strukturierte Aufgaben heranzuführen. Diese Überlegungen sind von Bedeutung, wenn anhand des Prüfungsergebnisses eine Aussage zur Methodenkompetenz der Schüler getroffen werden soll.

Für die Konzipierung der Aufgaben sind die folgenden Hinweise dienlich. Zur Entwicklung einer fächerübergreifenden Klausur ist die Arbeit im Team notwendig (Richter, 2002). Dabei können, so Richter, die Teilaufgaben nach zwei Systematiken gegliedert werden. Entweder fachsystematisch, was der bislang verfolgten Idee zuwiderlaufen würde, aber den Schülern die Zuordnung zu einzelnen Themengebieten und den Lehrern das Korrigieren erleichtern würde. Oder handlungslogisch, was der grundsätzlichen Idee entsprechen, aber die Trennschärfe zwischen den Teilaufgaben verringern und den Korrekturaufwand erhöhen würde. In jedem Fall sollten, so Richter, die Aufgaben unabhängig voneinander zu bearbeiten sein. Da die eigenständige Informationsbeschaffung auch Teil beruflicher Handlungskompetenz ist, vertritt Richter die Auffassung, die Benutzung von Hilfsmitteln zuzulassen. Sollten die Aufgaben nach dem Prinzip des problemorientierten Lernens gestellt werden, so wäre dies ein wichtiger Bestandteil. Fraglich ist, ob die jeweilige Prüfungsbehörde einer Recherchephase innerhalb der Prüfung zustimmen würde.

Entsprechend dem Prinzip der Handlungsorientierung kann laut Richter (2002) die "sachgerechte und fachlich richtige Anwendung von Handlungsschemata . . . ein Kriterium für die Bewertung der Arbeit sein" (S. 24-25). Bezogen auf die Ergotherapieausbildung könnte analog die Anwendung des ergotherapeutischen Prozesses ein Beurteilungskriterium sein. Zur Beurteilung des Handlungswissens empfiehlt Richter die von ihm entwickelten Gütekriterien einer Lernhandlung. Er weist jedoch darauf hin, dass nicht alle Kriterien in einer schriftlichen Prüfung im gleichen Maße erfasst werden können; gut möglich seien Zielgerichtetheit, Gegenstandsbezug und Selbständigkeit (Richter, 2002). Folglich können mit dieser Prüfungsform hauptsächlich Fach- und Personal- bzw. Methodenkompetenz geprüft werden.

7.3.3 Fallorientierte schriftliche Prüfungen

Prüfungen anhand von Fällen aufzubauen ist eine gute Möglichkeit, schriftliche Prüfungen kompetenzorientiert zu gestalten. Ein Merkmal von Kompetenz ist die Fähigkeit zur Bewältigung von komplexen Handlungssituationen (Bonse-Rohmann et al., 2008). Mit einem Fall lässt sich diese Komplexität abbilden und er eröffnet die Chance, Aufgaben zu stellen, die vernetztes Denken erfordern. Bei der Bearbeitung eines Falles kann das erforderliche Wissen nicht mehr abstrakt wiedergegeben werden, sondern muss in Bezug zu diesem Fall gesetzt werden. Dabei geschieht auch zwangsläufig eine Auseinandersetzung mit der eigenen Haltung zu diesem Fall, die je nach Aufgabenstellung bewusst oder unbewusst ablaufen kann. Es wird also deutlich, dass in der Arbeit mit Fällen auch das Kompetenzmerkmal des Situations- und Subjektbezugs (Bonse-Rohmann et al., 2008) bedient wird. Ferner kann die Disposition, selbstorganisiert zu handeln (Bonse-Rohmann et al.,

2008), je nach Weite der Aufgabenstellung (Hundenborn, 2006) in fallorientierten Prüfungen erforderlich sein.

Im Kontext fallorientierter Prüfungen sind sowohl verschiedene Darstellungsvarianten von Fällen als auch verschiedene Bearbeitungsformen bzw. Organisationsformen der Bearbeitung zu betrachten. Generell können Fälle zum einen nach ihrer Zielsetzung, sprich den angestrebten Kompetenzen, und zum anderen nach der Beziehung der Fallbearbeiter (Schüler) zum Fall unterschieden werden. Demnach trennt Hundenborn (2007) in Anlehnung an Steiner Fälle, die die Entscheidungs- und Problemlösungskompetenz verfolgen von solchen, die eine hermeneutische Kompetenz, sprich ein vertieftes Verständnis des Falles anstreben. Fallschilderungen, die eine Entscheidung oder Lösung offen lassen und vom Schüler beendet werden sollen, fördern die Entscheidungs- und Problemlösungskompetenz (Hundenborn). Fälle mit abgeschlossener Schilderung verlangen laut Hundenborn vom Schüler die Einnahme verschiedener Sichtweisen. Sie erweitern damit die Interpretations- und Deutungsmöglichkeiten und tragen so zu einem vertieften Verständnis des Fallgeschehens bei. Auch in der Unterscheidung der Beziehung der Schüler zum Fall bezieht sich Hundenborn auf Steiner und differenziert zwischen Fällen, die die Schüler selbst erlebt haben und solchen, zu denen die Schüler keinen eigenen Erfahrungsbezug haben. Aus diesen beiden Kriterien ergibt sich folgende Falltypologie (Hundenborn):

- Fallmethode (Problemlösungs-/ Entscheidungskompetenz, ohne Beteiligung)
- Einzelfallprojekt (Problemlösungs-/ Entscheidungskompetenz, mit Beteiligung)
- Falldialog (hermeneutische Kompetenz, ohne Beteiligung)
- Fallarbeit (hermeneutische Kompetenz, mit Beteiligung)

Im Kontext von schriftlichen Prüfungen kommen nur solche Fälle zum Tragen, bei denen kein eigener Erfahrungsbezug der Schüler besteht. Ansonsten würden die Schüler mit unterschiedlichen Bedingungen starten, wodurch die Vergleichbarkeit der Prüfungsergebnisse beeinflussen würde. Daher werden nachstehend die Varianten ohne Beteiligung näher betrachtet.

7.3.3.1 Die Fallmethode

Zur Beurteilung des Problemlösungs- und Entscheidungsprozesses kann die Fallmethode als Variante ohne direkte Beteiligung der Schüler am Fall genutzt werden. Durch die Art der Falldarstellung können innerhalb des Problemlösungs- und Entscheidungsprozesses unterschiedliche Schwerpunkte gesetzt werden (Hundenborn, 2007). Stellt man diesen Prozess dem ET-Prozess gegenüber, so kann durch den Einsatz einer bestimmten Fallvariante eine bestimmte Sequenz des Therapieprozesses gezielt eingeübt beziehungsweise geprüft werden. Auch der erste erschienene Band der „Fallbuchreihe Ergotherapie" gruppiert die Fälle nach den Phasen Problemanalyse, Interventionsplanung und Evaluationsplanung (Walkenhorst & Becker, 2009). Hundenborn hat entsprechende Parallelen zwischen dem Problemlösungsprozess (inkl. der passenden Fallvarianten) und dem Pflegeprozess aufgezeigt. Im Folgenden soll eine Analogie zum ET-Prozess nach Hagedorn (siehe 7.2) hergestellt werden. Je nach Schwerpunktsetzung im Problemlösungs- und Entscheidungsprozess unterscheiden sich die Fälle hinsichtlich ihres Umfangs und der Art der gegebenen Informationen, so Hundenborn. Hundenborn differenziert folgende Varianten der Fallmethode und bezieht sich damit auf Kaiser:

1. Case-Incident-Methode
2. Problem-Finding-Methode
3. Case-Study-Methode
4. Case-Problem-Methode
5. Stated-Problem-Methode.

Die Zuordnung jener Fallmethoden zu den Phasen des Problemlösungs- und Entscheidungsprozesses zeigt Tabelle 2.

Tabelle 2: Zuordnung Fallmethode - Prozessphase (eigene Darstellung nach Hundenborn, 2007, S. 69)

Prozessphase / Fallvariante	Informationsgewinnung und -bewertung	Problemerkennung/ Problemanalyse	Ermitteln alternativer Lösungsvarianten/ Problemlösung/ Entscheidung	Lösungskritik
Case-Incident-Methode				
Problem-Finding-Methode				
Case-Study-Methode				
Case-Problem-Methode				
Stated-Problem-Methode				

Es folgt eine genauere Beschreibung der einzelnen Varianten, sowie eine Zuordnung zu den Phasen des ET-Prozesses nach Hagedorn.

Bei der Case-Incident-Methode ist die Falldarstellung unvollständig und lückenhaft. Die Aufgabe besteht darin, die fehlenden Informationen zu sammeln, welche für eine umfassende Situations- und Problemanalyse erforderlich wären (Hundenborn, 2007). Hier steht, so Hundenborn, die eigenständige Informationsbeschaffung und -bewertung im Vordergrund. Diese Fallvariante lässt also Aussagen zur Methoden- und Fachkompetenz der Schüler zu. Übertragen auf den ET-Prozess nach Hagedorn (2000) entspricht jene Variante der ersten Phase des ET-Prozesses, der Informationssammlung. An dieser Stelle sind die klinischen Reasoning Fähigkeiten[13] des Therapeuten gefragt: Er muss anhand erster Informationen Hypothesen bilden, die den weiteren Weg seiner Informationssammlung bestimmen (Klemme & Siegmann, 2006). Später kann er diese Hypothesen aufgrund neuer Informationen und Wissen verifizieren oder verwerfen (Klemme & Siegmann).

Die umfassende Falldarstellung bei der Problem-Finding-Methode enthält alle Informationen, die für die Situations- und Problemanalyse benötigt werden, sowie relevante Begleitumstände (Hundenborn, 2007). Hier steht die Analyse im Vordergrund, welche sich auf Probleme, Ressourcen und potentielle Probleme bezieht (Hundenborn). Nach Hundenborn müssen die Informationen in

[13] Klinische Reasoning Fähigkeit: Fähigkeit zur klinischen Urteilsbildung

Beziehung zueinander gesetzt und die Probleme verständlich beschrieben werden. Die Problem-Finding-Methode kommt der Phase der Informationsauswertung nach Hagedorn (2000) gleich. Der Ergotherapeut erhebt also seinen Befund und muss diesen auswerten. Dabei integriert er eigene Beobachtungen sowie Informationen von Kollegen und Angehörigen. Auch der Analyse potentieller Probleme kommt in der Ergotherapie ein großer Stellenwert zu. Der Therapeut muss hier antizipieren, zu welchen Problemen es im realen Alltag des jeweiligen Klienten aufgrund der Symptome und der Beobachtungen in der häufig künstlichen Therapiesituation kommen kann.

Die Falldarstellung bei der Case-Study-Methode entspricht der der Problem-Finding-Methode; auch hier werden alle benötigten Informationen für die Situations- und Problemanalyse geboten (Hundenborn, 2007). Der Unterschied liegt, so Hundenborn, in der Aufgabenstellung. Diese sei bei der Case-Study-Methode deutlich umfangreicher, da nach dem Analyseschritt auch Lösungen entwickelt sowie nachvollziehbare und begründete Entscheidungen getroffen werden sollen. Dazu müssen Prioritäten abgewogen und unvereinbare Ziele ausbalanciert werden (Hundenborn). Hundenborn betont den zeitlichen Umfang der Bearbeitung solcher Aufgabenstellungen und den hohen Anspruch an die Methodenkompetenz der Schüler. Die Case-Study-Methode bildet die Phasen Informationen auswerten, Behandlungsziele formulieren, Prioritäten festlegen und Schritte entscheiden des ET-Prozesses nach Hagedorn (2000) ab.

Die Case-Problem-Methode geht in der Falldarstellung noch einen Schritt weiter als die bislang dargestellten Varianten. Hier werden alle Informationen für die Situationsanalyse gegeben und die Probleme ausdrücklich benannt (Hundenborn, 2007). Das bedeutet, die Analyse wurde bereits durchgeführt. Nach Hundenborn soll im Rahmen der Problemlösungs- und Entscheidungskompetenz der "Akzent auf die Wege und Verfahren der Entscheidungsfindung gelegt werden“ (S.71). Die Schüler lernten dadurch, dass es mehrere Lösungsalternativen gebe, sich zu überlegen, welche Risiken inbegriffen sein und wie diese minimiert werden könnten. Auch werden sich die Schüler laut Hundenborn „der Wertebindung und -abhängigkeit eigener Entscheidungen bewusst“ (S.71). Mit dieser Fallvariante wird nun also neben Fach- und Methodenkompetenz auch die personale Kompetenz der Schüler erhoben. Von den Lehrern erfordert es eine Offenheit für die Lösungsalternativen der Schüler; diese sollten ernst genommen und auf Stichhaltigkeit und Nachvollziehbarkeit geprüft werden (Hundenborn). Bezogen auf den ET-Prozess nach Hagedorn (2000) geht es hier um die Phasen Behandlungsziele formulieren, Prioritäten festlegen und Schritte entscheiden. Der Therapeut muss in einer äußerst komplexen Situation Entscheidungen treffen. Er sollte diese Entscheidungen nicht nur auf der reinen Behandlungsebene treffen, sondern auch andere, die Situation mitbestimmende Faktoren in seine Überlegungen einbeziehen. Diese kann man sich an den Situationsmerkmalen vergegenwärtigen. Zum Beispiel bedeutet es, dass auch die Interaktionsstrukturen und das Gesellschaftssystem in die Entscheidungen einbezogen werden sollten. Hier sei auf die unterschiedlichen Formen des Clinical Reasoning hingewiesen, die einem Denken auf verschiedenen Ebenen entsprechen und dadurch die vielfältigen Aspekte komplexer klinischer Situationen berücksichtigen (Klemme & Siegmann, 2006).

Die letzte Variante stellt die Stated-Problem-Methode dar. Hier enthält die Falldarstellung eine Schilderung der Probleme sowie die daraufhin getroffenen Entscheidungen; auch Begründungen für diese Entscheidungen können mit angegeben werden (Hundenborn, 2007). Die Aufgabenstellung ziele auf eine Lösungskritik ab in der das geschilderte Handeln als (nicht) angemessen, nachvollziehbar oder widersprüchlich betrachtet wird. Die Schüler lernen, so Hundenborn (2007), "welche Sach- und Handlungszwänge Entscheidungsprozesse in der Praxis bestimmen und welche Interessen und Wertbindungen hinter den getroffenen Einscheidungen stehen" (S. 72). Dabei müssen sich die Schüler sowohl mit den eigenen Entscheidungspräferenzen als auch den Begründungen im Fall auseinandersetzen (Hundenborn). Im ET-Prozess (Hagedorn, 2000) werden die Schritte Prioritäten festlegen und Schritte entscheiden betrachtet. Auch ist es denkbar, dass es sich um Entscheidungen innerhalb der Durchführung oder in der Evaluation, zum Beispiel, ob die Therapie weitergeführt werden soll, handelt. Auch mit dieser Fallvariante wird wieder deutlich die personale Kompetenz der Schüler angesprochen.

7.3.3.2 Der Falldialog

Zur Beurteilung von hermeneutischer und empathischer Kompetenz kann der Falldialog als Variante ohne direkte Beteiligung der Schüler am Fall genutzt werden. Als Fallmaterial für den Falldialog sind, so Hundenborn (2007), Texte, Tonband- oder Filmaufnahmen geeignet, wie zum Beispiel das Protokoll eines Gesprächsausschnitts. Das Fallmaterial ist nach Möglichkeit vorher nicht didaktisch aufbereitet oder verändert, da auch Sprechpausen, Seufzer etc. eine Bedeutung haben und zum Verständnis der Situation beitragen (Hundenborn). "In der Auseinandersetzung mit dem Fall geht es darum, möglichst viele Perspektiven bzw. Betrachtungsweisen auf die dem Fall zugrunde liegende Situation einzunehmen" (Hundenborn, 2007, S. 101). Hierdurch lassen sich die eigenen Deutungsmöglichkeiten erweitern (Hundenborn). Um die im Fall dargestellte Situation aus Sicht aller Beteiligten zu deuten ist, so Hundenborn, Perspektivenübernahme und -flexibilität notwendig. Aufgabenstellungen, die sich an den Falldialog anschließen, können sozial-kommunikative und personale Kompetenz beziehungsweise deren kognitiven Vollzug abbilden. Ob die Schüler in der entsprechenden Praxissituation tatsächlich so reagieren würden, bleibt in der schriftlichen Prüfung offen.

7.3.3.3 Bearbeitungsformen von Fällen

Fälle können anhand von Bearbeitungsschemen oder auch durch gezielte Fragestellungen bearbeitet werden. Vor allem die Bearbeitungsschemen erfordern eine intensive Einübung im Rahmen des Unterrichts, bevor sie in der Prüfung eingesetzt werden können. Sie beziehen sich vorrangig auf Fälle zur Problemlösungs- und Entscheidungskompetenz. Die Bearbeitung von Fällen zur hermeneutischen Kompetenz im Rahmen von Prüfungen sollte anhand von gezielten Fragen erfolgen. Interpretationsanalysen hermeneutischer Fälle, wie die Deutungsmusteranalyse[14] oder die Sequenzanalyse[15], wie sie bezogen auf den Lernprozess bei Hundenborn (2007) dargestellt werden, werden für Prüfungen nicht als sinnvoll erachtet. Insgesamt ist die Organisationsform der Bearbeitung abhängig von den zu beurteilenden Kompetenzen so-

[14] Hierbei werden wahrnehmungs- und handlungsleitende Orientierungsmuster offengelegt, welche der Situationsanalyse, -bewältigung und –lösung dienen (Hundenborn, 2007).

[15] Hierbei geht es um eine Textanalyse, welche den „Prozess der Sinnerzeugung" in den Vordergrund stellt (Hundenborn, 2007).

wie der entsprechenden Vorbereitung im Unterricht. Im Folgenden sollen verschiedene Bearbeitungsschemen für Problemlösungs- und Entscheidungsfälle kurz dargelegt werden. Die Bearbeitungsschemen sind in ihren Grundzügen meist auf die Idee des problemorientierten Lernens zurückzuführen. Sie enthalten demzufolge eine Problemstellung, die zunächst herausgefiltert wird, im Anschluss bearbeitet und am Ende präsentiert wird. Die verschiedenen Schemen gliedern letztendlich diese drei Hauptschritte in unterschiedliche Teilschritte auf. Zudem unterscheiden sie sich hinsichtlich der Sozialform, in der gearbeitet wird, und entsprechend auch dem Einsatz in einer Prüfung.

Der bei Bonse-Rohmann et al. (2008) vorgestellte „Triple Jump Exercise" (Dreisprung Aufgabe) belässt es bei der Aufgliederung in die drei Schritte. Er ist in seiner Form direkt als Prüfungsinstrument für eine mündliche Einzelprüfung gedacht und findet seine Anwendung vor allem im Medizinstudium. Bei dieser Prüfungsform ist, so Bonse-Rohmann et al., neben dem Ergebnis des Problemlösens auch der Weg dorthin von Interesse. Bewertet werden das Wissen, der geeignete Einsatz von Quellen und die Vorgehensweise.

Ein Bearbeitungsschema, welches sich laut Hundenborn (2007) in der Pflegebildung durchgesetzt hat, ist der an der Universität Maastricht entwickelte „Siebensprung". Der Siebensprung stellt im Vergleich zum Triple Jump Exercise eine Mischform aus Gruppen- und Einzelarbeit dar und differenziert letztendlich die erste Phase der Problemherausarbeitung in mehrere Teilschritte (1-5).

Die drei Phasen des Triple Jump Exercise sind folgende (Bonse-Rohmann et al., 2008):

1. Problemstellung formulieren und gewichten, anschließend Lernziele festlegen. (Auf Nachfrage können zusätzliche Informationen wie Laborergebnisse ausgehändigt werden.)
2. Fallbearbeitung unter Benutzung von Hilfsmitteln: Gründliche Analyse, neues Wissen integrieren in Hypothesen, diese evtl. korrigieren.
3. Erörterung der veränderten Hypothesen und der Bearbeitungsstrategie vor Prüfern.

Der Siebensprung enthält folgende Schritte (Hundenborn, 2007):

1. Klärung von Begriffen (in der Gruppe)
2. Problemdefinition (in der Gruppe)
3. Problemanalyse und Hypothesenbildung (in der Gruppe)
4. Strukturierung der aufgestellten Erklärungen aus Schritt 3 (in der Gruppe)
5. Formulierung von Lernzielen (in der Gruppe)
6. Eigenstudium oder Informationsbeschaffung (außerhalb der Gruppe)
7. Synthetisierung und Auswertung (in der Gruppe)

Eine Möglichkeit, wie dieses Schema auf eine schriftliche Einzelprüfung angepasst werden kann, bei der keine Recherchephase eingebaut sein soll, zeigt Schwarz-Govaers (2006) auf. Sie benennt folgende Schritte:

Die Schritte für eine Prüfungssituation nach PBL:

1. Textverständnis und Begriffsdefinition zur Situation (Mehrdeutigkeit beachten)
2. Problembestimmung und Begründung der Fragen-/ Themen-/ Konzeptauswahl
3. Präsentation des eigenen Erkenntnisstandes zu den gewählten Fragen/ Themen/ Konzepten
4. Herstellung der Zusammenhänge zwischen den Konzepten und der Situation
5. Begründung der (auch alternativen) Lösungsansätze und Widersprüche
6. Reflexion und (Selbst-)Beurteilung der Erkenntnisse und Schlussfolgerungen (Schwarz-Govaers, 2006, S. 660).

An dieser Stelle ebenfalls zitiert werden soll ein Schema, welches von Telesozial (Bernhard, 2004) entwickelt wurde. Im Vergleich zu den vorangegangenen Anleitungen werden die Lösungen nochmals einer kritischen Phase unterzogen, das heißt, die Konsequenzen der Lösungen werden betrachtet. Zudem beinhaltet es die Erstellung eines Plans. Es bildet insgesamt relativ gut den ET-Prozess ab.

Das Schema lautet:

„ 1. Erkennen der Problemsymptome einer Ausgangssituation . . .
2. Bestimmung der zugrunde liegenden Ursachen durch Anwendung von Theorie und Informationsrecherche . . .
3. Sammlung von Lösungsmöglichkeiten
4. Analyse der Konsequenzen für die verschiedenen Lösungsmöglichkeiten
5. Entscheidung über die Auswahl einer Lösungsmöglichkeit
6. Erstellung eines Planes für die Umsetzung" (Bernard, 2004, S. 13).

Eine Idee, wie die dargelegten Bearbeitungsschemen noch organisiert werden können, stellt der Process oriented Essay Question Test (PEQ) dar. Der PEQ wurde im Rahmen des Projektes „Lern- und Leistungskontrollen" entwickelt, erprobt und evaluiert, er basiert auf dem Modified Essay Question Test (MEQ)[16] aus der Medizinerausbildung (Thobe, 2008). Die Besonderheit des PEQ ist, so Thobe, das Weitererzählen eines fortlaufenden Falls im identischen sozialen Setting; dabei werden die Informationen entsprechend dem Pflegeprozess ergänzt. Nach Thobe müssen die Schüler die einzelnen Etappen in der vorgegebenen Reihenfolge bearbeiten, wobei es nicht erlaubt ist, zurückzublättern. Die Fragen, welche pflegewissenschaftliche, naturwissenschaftliche, soziale und kommunikative Aspekte einbeziehen können, werden zu den einzelnen Etappen gestellt und werden im Verlauf detaillierter und komplexer (Thobe, 2008). Es ist auch denkbar, dass im Ausgangsfall nicht alle Situationsmerkmale im Detail beschrieben werden, sondern ein Merkmal in einer Etappe ergänzt wird. Eine weitere Möglichkeit bestehe, so Thobe, darin, zu Anfang eine Stellungnahme zu verlangen, um methodisches und problemanalysierendes Denken anzuregen. Diese Form der Fallbearbeitung lädt dazu ein, hypothesengeleitetes Denken und Handeln zu lernen, aber auch zu prüfen. So können die Schüler aufgefordert sein, Hypothesen zu einem vorgelegten Fall aufzustellen, die in der nächsten Etappe auf Grund weiterer Informationen zum Fall gefestigt, korrigiert oder verworfen werden. Jenes Vorgehen entspricht einem zentralen Element in der Befunderhebung eines Ergotherapeuten, das sich meist auch im Behandlungsverlauf fortsetzt. So überlegt der Ergotherapeut, ausgehend von beobachteten Einschränkungen auf den Ebenen von Aktivität und Partizipation, welche Ursachen diesen Ein-

[16] Beim MEQ wird ein Fall an Hand von Fragen bearbeitet, der Fall wird dabei weitererzählt oder durch zusätzliche Informationen ergänzt. Er bezieht sich vor allem auf die Prozessphase bis zur Diagnosestellung.

schränkungen auf der Ebene von Körperstruktur und -funktion zu Grunde liegen könnten.

7.3.4 Strukturlegeverfahren

Das Strukturlegeverfahren ist eine Möglichkeit zur Überprüfung von Handlungswissen, bei dem die Verknüpfung vorgegebener Wissenselemente im Vordergrund steht (Hundenborn & Kühn-Hempe, 2006). Im Ergebnis solle die handlungssystematische Struktur deutlich werden, auch die Darstellung kausaler Zusammenhänge oder andere Beziehungen seien möglich. "Aus der Anordnung der Karten und der Verknüpfungen ist nachvollziehbar, inwieweit die Schülerinnen und Schüler Zusammenhänge erkannt haben. Über das reine Funktionsverständnis hinaus werden schnell und mit relativ wenig Aufwand Ursache-Wirkungs-Zusammenhänge dargestellt" (Landesinstitut für Lehrerfortbildung, Lehrerweiterbildung und Unterrichtsforschung von Sachsen-Anhalt, 2002, S. 28). Weiter heißt es hier, dass die Verknüpfungen anhand von Symbolen veranschaulicht werden. So können komplexe Sachverhalte mit relativ einfachen Mitteln transparent gemacht werden. Das Ergebnis muss in sich schlüssig sein; bewertet werden Logik und Nachvollziehbarkeit, so Schneider (2004), sowie Fach- und Methodenkompetenz (Bonse-Rohmann et al., 2008; Schneider, 2004). Schneider integriert in ihre Ausführungen die Ideen von Aebli zum zielgerichteten Handeln. Sie folgert daraus, dass bei der Erstellung eines Produkts in Form eines Strukturlegeplans das Produkt hochgradig durchdacht werden muss.

7.3.5 Schaubilder

Für die Beschreibung eines Schaubildes definiert Depping (2004) das Ziel wie folgt: "Der Schüler muss strukturiert, präzise und folgerichtig das Schaubild beschreiben. Strukturen helfen, komplexe Sachverhalte darzustellen" (S. 19). Bei der Vervollständigung eines nicht vollständigen Schaubildes geht es um den Einsatz des eigenen Fachwissens.

7.3.6 Stellungnahmen

In der Pro-Contra-Analyse bezieht der Lernende zu einem vorgegebenen Text Stellung und zählt Pro- und Contra-Argumente auf (Depping, 2004). Das Ziel liege im Sammeln von Pro- und Contra-Argumenten und dem Ergründen der eigenen Stellung zum Thema. Bei dem Aufgabentyp „Persönlichen Kommentar schreiben“ setzen sich die Schüler kritisch mit einem Text auseinander, reflektieren ihre eigenen Erfahrungen zu diesem Thema und schreiben ihre Meinung dazu nieder (Depping). Es ist gut vorstellbar, eine solche Stellungnahme in eine situationsbezogene schriftliche Prüfung oder in die Bearbeitung eines Falles zu integrieren.

7.4 Auswahl der Prüfungsmethode für das schriftliche ET-Examen

7.4.1 Prüfungsteil 1

Möchte man diesen Bereich kompetenzorientiert prüfen, so bietet sich als Ausgangspunkt ein Fall an, der nach der Fallvariante der Problem-Finding-Methode konstruiert ist. Dies stellt eine Möglichkeit dar, den Schwerpunkt „Krankheitsbilder und Therapie“ kontextgebunden und nicht als reines Abfragen von medizinischem Wissen zu gestalten. So könnten die Schüler hier aufgefordert sein, die Probleme, die aufgrund des Krankheitsbildes inklusive der Symptome auftreten könnten, in Bezug auf den geschilderten Klientenkontext zu analysieren bzw. zu antizipieren. Es geht dabei folglich nicht mehr um eine Auflistung aller Symptome und Probleme, sondern um eine Auswahl aufgrund der Vernetzung mit der Klientensituation. Die Problem-Finding-Methode ist auch unter dem Aspekt der Analyse potentieller Probleme (Hundenborn, 2007) interessant. So stellt dies doch ein Kernelement im ergotherapeutischen Vorgehen dar: Ausgehend vom Krankheitsbild überlegt sich der Therapeut, wo im Alltag des Klienten Probleme auftreten können, um dementsprechende Fragen zu stellen oder Befunde zu erheben. Der im Fall geschilderte Klient mit seinem Kontext sollte auf die Themenschwerpunkte Handlungsfähigkeit von Kindern oder von älteren Menschen abzielen. So könnte hier verlangt werden, die spezifischen Tätigkeiten oder die Auswirkungen von Alterserkrankungen zu analysieren. Die oben dargelegte Schwierigkeit der Zuordnung der Themen von „Handlungsfähigkeit von Kindern/ älteren Menschen“, insbesondere der Maßnahmenplanung und -durchführung, könnte hier auf zwei Wegen gelöst werden. Zum einen kann an einem Fall, bei dem eine Analyse durchgeführt wurde, auch Ideen zu passenden Maßnahmen und deren Durchführung erfragt werden. Damit würde man die Idee der Problem-Finding-Methode verlassen und das Grundprinzip der Case-Study-Methode anstreben. Eine andere Möglichkeit ist die Case-Problem-

Methode, so dass die Schüler die Behandlung für einen dargestellten Fall, welcher bereits die Analyse- und Problembenennung enthält, entwickeln müssen.

Eine weitere denkbare Fallvariante in jenem Prüfungsteil ist die Case-Incident-Methode. Dies würde jedoch eigentlich eine Recherchephase einschließen, welche in der ErgThAPrV nicht direkt vorgesehen ist, denn hier heißt es: „Der Prüfling hat . . . in einer Aufsichtsarbeit schriftlich gestellte Fragen zu beantworten. Die Aufsichtsarbeiten dauern jeweils 180 Minuten“ (§5, Abs. 1). Es käme also auf die Auslegung durch die jeweilige Prüfungsbehörde an. Eine denkbare Abänderung der Case-Incident-Methode wäre die von Schwarz-Govaers (2006) beschriebene Bearbeitungsvariante, in der im dritten Schritt anstelle der Recherchephase die „Präsentation des eigenen Erkenntnisstandes zu den gewählten Fragen/ Themen/ Konzepten“ (S. 660) zum Tragen kommt.

Im Kontext von Krankheitsbildern liegt auch der Einsatz von Schaubildern, die beschriftet bzw. vervollständigt werden müssen, nahe. So können Bedingungsgefüge, die zu einer Erkrankung führen oder auch daraus entstehende Symptome, gut an Schaubildern dargestellt werden.

Zur Analyse im Rahmen der Befunderhebung werden von Ergotherapeuten auch Assessments und Testverfahren eingesetzt. Diese erfordern häufig ein strukturiertes, festgelegtes Vorgehen, welches durch die Methode des Struktur-Lege-Verfahrens geprüft werden kann.

Ferner sind bei diesem Prüfungsteil auch mehrere Fälle denkbar, die jeweils nicht zu umfangreich in ihrer Bearbeitung sein sollten. Auf diese Weise könnte ein breiteres Spektrum von Krankheitsbildern erfasst werden, ohne dass die Fälle allzu künstlich konstruiert sind.

Die Themenpunkte Gesundheitsmodell und Gesundheitssystem sind gut durch entsprechende Fragen zu einem dargestellten Fall zu erheben. So könnte das Gesundheitsmodell, auf dem das Handeln des Ergotherapeuten im dargestellten Fall basiert, erfragt werden. Oder die Internationale Klassifikation der Funktionsfähigkeit und Behinderung (ICF) wird mit ihren einzelnen Komponenten als Raster zur Erfassung der Klientenprobleme und -ressourcen genutzt. Durch Fragen zur Art der Institution oder zur Finanzierung der geschilderten ergotherapeutischen Maßnahme könnte auf das Gesundheitssystem Bezug genommen werden.

Zusammenfassend kommen in diesem Teil Prüfungsmethoden zum Einsatz, welche die fachliche und methodische Kompetenz der Schüler erfassen.

7.4.2 Prüfungsteil 2

Für den Themenschwerpunkt „Kommunikation und Interaktion" im zweiten Prüfungsteil bieten sich im Sinne eines Falldialogs realitätsgetreue Gesprächsprotokolle an. Diese können anhand von Fragen zum Beispiel auf Kommunikationsstile hin untersucht werden, oder Kommunikationsmodelle daran verdeutlicht werden. So wäre auch hier wieder eine Verknüpfung von Theoriewissen und späterer Berufsrealität geschaffen. Eine reale Berufssituation würde die Ausgangsbasis für die Prüfung darstellen, welches, wie in Kapitel 6 ausgeführt, einer Anforderung kompetenzorientierten Prüfens entspricht. Ferner sind für die Themen „Kommunikation und Interaktion" wie auch für den Themenbereich „schwierige soziale Situationen" die Fallvarianten der Case-Problem-Methode und der Stated-Problem-Methode geeignet. Da beide Fallmethoden laut Hundenborn (2007) zeitlich nicht so umfangreich sind, könnten hier auch mehrere Fälle bearbeitet werden.

Bei der Case-Problem-Methode würden die (Kommunikations-)Probleme ausdrücklich benannt (Hundenborn, 2007). Die Schüler wären aufgefordert aufzuzeigen, welche Verhaltensmöglichkeiten und Lösungsalternativen es in der geschilderten Situation gibt, die Darstellung möglicher Risiken und deren Minimierung eingeschlossen.

Die Stated-Problem-Methode bietet sich gerade für das Themenfeld „schwierige soziale Situationen" an. So könnte in der Falldarstellung die schwierige Situation und die Reaktion bzw. getroffene Entscheidung des Ergotherapeuten beschrieben werden. Die Schüler müssten dann schildern, welche Sach- und Handlungszwänge zu dieser Reaktion geführt haben und welche Werte dahinter stehen. Auch eine Stellungnahme oder Pro- und Kontraanalyse könnte eingebaut oder angeschlossen werden, welche auch die personale Kompetenz des Schülers abbilden.

Eine mögliche thematische Kombination in diesem Prüfungsteil stellen auch „Interaktionsprozesse" und die „Handlungsfähigkeit von Kindern" dar. Hierbei könnte es um die Aufschlüsselung der Dreier-Beziehung Eltern-Kind-Therapeut gehen, aber auch um andere Einflüsse und Erwartungen aus den Lebensumwelten auf die Tätigkeiten der Kinder. Genutzt werden könnten auch hier wieder Case-Problem- und Stated-Problem-Methode.

Weiterhin gut kombinierbar in einer Situation auf der Mesoebene wären die Themen „Kommunikation“ und „Rahmenbedingungen“. Dargestellt werden könnte zum Beispiel eine Gesprächssituation zwischen Vorgesetztem und angestelltem Ergotherapeut über Verordnungsverhalten, Ausfalltermine und Qualitätssicherung. Hier könnten sich Aufgaben anschließen, in denen die Gesprächssituation analysiert werden sollen sowie eine Pro- und Kontraanalyse, in der die Vor- und Nachteile bestimmter Bedingungen bzw. die Ansichten, die hinter möglichem Handeln stehen, herausgearbeitet werden sollen.

Die „Analyse von Verhalten und Bewegung“ ist auch in diesem Prüfungsteil wieder von Bedeutung. Um eine andere Ausrichtung als im ersten Prüfungsteil herzustellen, empfiehlt es sich, die Analysen nicht unter dem Fokus von Krankheitsbildern und deren Auswirkungen zu betreiben, sondern den Schwerpunkt „Menschen mit Behinderung & chronischen Erkrankungen“ hinzuzuziehen. So könnte in einem entsprechenden Fall die Lebenssituation eines solchen Menschen beschrieben werden. Die durchzuführende Analyse würde sich auf neurowissenschaftliche und psychische Grundlagen wie auch auf Rollen und Partizipation beziehen. Als Fallvariante könnte hier wieder die Problem-Finding-Methode dienen.

Betrachtet man zusammenfassend die Prüfungsmethoden des zweiten Teils hinsichtlich der Teilkompetenzen, so stehen hier personale und sozial-kommunikative Kompetenzen im Vordergrund. Aber auch Fachkompetenz als Basis für entsprechende Betrachtungen und Analysen ist gefragt, sowie wiederum die methodische Kompetenz in der Bearbeitung von Fällen.

7.4.3 Prüfungsteil 3

Der dritte Prüfungsteil widmet sich den Behandlungsverfahren. Eine Möglichkeit wäre im Sinne der Case-Study-Methode (Hundenborn, 2007) die Schüler von einem Fall ausgehend eigenständig den gesamten Prozess beschreiben zu lassen. Sie würden dann den Befund, das heißt die Problemanalyse, erheben und beschreiben, diese auswerten und davon ausgehend die Planung und Durchführung schildern. Bei solch einer umfangreichen, aufeinander aufbauenden Aufgabenstellung besteht die Gefahr des Folgefehlers. Würde ein Schüler beispielsweise aus dem Befund ein falsches Fazit ziehen, so wäre auch eine inkorrekte Planungs- und Durchführungsbeschreibung zu erwarten. Daher wird an dieser Stelle die spezielle Form des PEQ als sinnvoll erachtet. Wie weiter oben bereits erläutert, handelt es sich hierbei um einen Fall, der in mehreren Etappen erzählt wird. Die Schüler könnten zunächst einen Fall im Sinne der Problem-Finding-Methode erhalten, in dem die Situation des Klienten tätigkeitsorientiert geschildert wird. Sie müssten dann ausführen, welche Probleme/ Ressourcen dargestellt werden, welche Ursachen sie für diese Tätigkeitsprobleme vermuten (Hypothesenbildung) und welchen Befund/ Assessment sie anwenden würden, um ihre Hypothesen zu überprüfen. Die nächste Fall-Etappe würde einem Fall der Case-Problem-Methode entsprechen. Die Befunde wären alle genau aufgeführt (evtl. auch die Befundbewertung) und die Schüler wären aufgefordert, eine Therapieplanung zu verfassen, sprich welche Ziele und welche Maßnahmen sie durchführen würden. Als letzte Etappe ist eine Fallweitererzählung denkbar, anhand derer die Schüler einen Weg der Behandlungsevaluation aufzeigen sollen. Es ist zu beachten, dass die Schüler während der Bearbeitung demotiviert werden könnten, falls sie bei einer neuen Etappe feststellen, dass sie in der vorherigen Arbeitsphase den Fall anders eingeschätzt haben. Hierfür ist es wichtig, im Vorfeld mit den Schülern zu erarbeiten, dass es im therapeutischen Prozess häufig mehr als einen korrekten Weg gibt, und dass es auf die richtige Begründung ihres Handelns ankommt. Andererseits ist es natürlich für die Schüler, die im ersten Schritt einen anderen Weg als die Lehrer gedacht hatten, im zweiten Schritt schwieriger, da sie hier dann „von vorne" denken müssen und nicht ihren Gedankengang fortsetzen können. Unter diesem Gesichtspunkt wären voneinander unabhängige Fälle, die jeweils einen anderen Schritt im Therapieprozess erzählen, gerechter.

Möchte man den Schwerpunkt noch mehr auf das Arbeiten mit Hypothesen legen, so besteht auch die Möglichkeit, den Fall nicht als solchen in einer nächsten Etappe im Sinne des PEQ weiterzuerzählen, sondern nur zusätzliche Informationen zu geben wie im MEQ. Diese Informationen sollen die Schüler dann wiederum zur Festigung oder Korrektur ihrer aufgestellten Hypothesen nutzen. Der Ausgangsfall kann sowohl entsprechend der Case-Incident-Methode oder der Problem-Finding-Methode bzw. Case-Study-Methode geschildert werden, wobei beim Einsatz eines Case-Incident Falls auch die ersten Überlegungen im ET-Prozess geprüft werden. Durch die zusätzlichen Informationen, die schrittweise nachgereicht werden, würde der Prozess jedoch nicht auf der Stufe der Informationsgewinnung und -bewertung stehen bleiben.

Der dritte Prüfungsteil enthält nicht nur alle Phasen des Therapieprozesses, sondern ist auch auf alle Fachbereiche ausgerichtet. Daher muss die Schule hier entscheiden, ob sie den Prozess als Ganzes mit allen Teilschritten in den Vordergrund stellen möchte oder eher die Breite der Behandlungsverfahren. Letzteres würde mehrere Fälle mit entsprechend kürzerer, weniger intensiver Bearbeitung nach sich ziehen. Natürlich ist auch ein Kompromiss möglich. Ein Fall, der den Prozess einmal komplett durchläuft, ohne in jedes Detail zu gehen. In Kombination dazu mehrere einzelne Fälle, die die verschiedenen Arbeitsfelder aufgreifen. In Abhängigkeit davon, wie intensiv der ergotherapeutische Befund in den ersten beiden Prüfungsteilen vorgekommen ist, kann der Schwerpunkt im dritten Teil auch auf die Behandlungsplanung und -durchführung gelegt werden.

Neben der Gesamtheit des ET-Prozesses und der Breite der Fachbereiche sollte auch beachtet werden, dass es innerhalb eines Fachbereichs verschiedene Behandlungsansätze, sprich verschiedene Methoden und Konzepte gibt. Ergotherapeuten müssen innerhalb ihres Bereichs zwischen dem Einsatz jener verschiedener Behandlungsmethoden und -konzepte abwägen. Dieses Einschätzen und Abwägen kann in der Prüfung auf zwei Wegen nachvollzogen werden. Eine Möglichkeit bildet im Sinne des MEQ das Nachreichen von Informationen, die für den Einsatz einer bestimmten Methode/ Konzept sprechen. Zuvor müssen die Schüler folglich verschiedene Optionen in ihren Hypothesen aufgebaut haben. Eine andere Variante stellt eine Pro- und Kontraanalyse dar, in der die Argumente für und gegen verschiedene Methoden/ Konzepte herausgearbeitet werden müssen. Dabei ist es wichtig, die Methoden/ Konzepte auch zueinander und in Bezug zum Fall darstellen und abwägen zu müssen. Anderenfalls würde die Pro- und Kontraanalyse nur dem Abfragen von Faktenwissen entsprechen und nicht den Gedanken der Kompetenzorientierung mittragen.

Da im dritten Prüfungsteil auch Abläufe, wie der ET-Prozess als solcher oder die Anwendung von konkreten Assessments und Behandlungsabläufen, Thema sind, kann zudem das Struktur-Lege-Verfahren zum Einsatz kommen.

Insgesamt stehen im dritten Prüfungsteil fachliche und methodische Kompetenz im Vordergrund der Erhebung.

7.5 Festsetzen des Anforderungsniveaus

Wie bereits die Themenauswahl den vorangegangenen Unterricht abbilden sollte, so fordern Jürgens und Sacher (2008) dies auch für das Anforderungsniveau. Sacher (2004) begründet es mit den Auswirkungen des Anforderungsniveaus sowohl auf den Unterricht als auch auf die Aussagekraft der Prüfungsergebnisse. So würden die Schüler ihr Arbeitsverhalten im Unterricht auf das Anforderungsniveau in der Prüfung ausrichten, und der Unterricht muss im Gegenzug aber auch auf das wirkliche Anforderungsniveau der Prüfung vorbereiten. Die Schüler werden sich nicht um Transfer bemühen, wenn später nur Fakten reproduziert werden müssen. Gleichwie sie in der Prüfung überfordert sein werden, wenn der Unterricht auf Reproduktion ausgerichtet war, aber in der Prüfung Transfer verlangt wird. Die Aussagekraft der Prüfung wird dann verfälscht, wenn das Niveau der Prüfung deutlich unter dem des Unterrichts liegt und die Schüler dadurch alle bessere Ergebnisse erzielen als es ihrem Leistungsniveau im Unterricht entsprach. Das Anforderungsniveau hängt zudem mit den späteren Anforderungen im Beruf zusammen. Nur wenn beide Niveaus sich entsprechen, kann das Prüfungsergebnis eine valide Aussage über die spätere berufliche Handlungskompetenz machen.

Eine gängige Systematik zur Bestimmung des Anforderungsniveaus ist die Taxonomie nach Bloom (1976) oder ihre Weiterentwicklung durch Anderson und Krathwohl (2001, zitiert nach Mietzel, 2007). Im Kontext der schriftlichen Prüfung ist vor allem die Taxonomie im kognitiven Bereich von Bedeutung. In Prüfungsmethoden, wie der Stellungnahme, spielt auch die soziale und personale Kompetenz eine Rolle, so dass hier auch die Taxonomie für den affektiven Bereich nach Krathwohl et al. (1975, zitiert nach Schewior-Popp, 1998) hinzu- kommt. Die Taxonomie für den psychomotorischen Bereich ist im Rahmen der praktischen Prüfung von Interesse, so dass diese nachstehend nicht ausgeführt werden (bei Bedarf siehe dazu Schewior-Popp, 1998, S. 65 ff).

Im Folgenden wird die Taxonomie von Bloom (1976) dargestellt, da unter 7.9 „Formulierung der Aufgaben" Begrifflichkeiten zitiert werden, die Schewior-Popp (1998) auf der Grundlage jener Taxonomie formuliert hat. Die Taxonomie nach Bloom lautet:

1. Wissen: Erinnern von Besonderheiten und Allgemeinheiten, von Methoden und Prozessen, von Mustern, Strukturen oder Festlegungen.
2. Verstehen: Niedrigste Ebene des Begreifens; man weiß, wovon gesprochen wird, ohne es selbst benutzen oder vernetzen zu können.
3. Anwendung: "Der Gebrauch von Abstraktionen in besonderen und konkreten Situationen" (Bloom, 1976, S. 221); dabei sind Abstraktionen: Ideen, Regeln, Prozeduren oder Methoden.
4. Analyse: Nachricht in grundlegende Teile zerlegen, Hierarchien und Beziehungen der Teile verdeutlichen.
5. Synthese: Teile zu einem Ganzen zusammenfügen oder eine vorher nicht erkenntliche Struktur herausbilden.
6. Bewertung: Materialen oder Methoden nach ihrem Wert für einen bestimmten Zweck sowohl qualitativ als auch quantitativ beurteilen. Einsatz einer Bewertungsnorm, deren Kriterien von den Schülern selbst gebildet und festgelegt wurden oder vorgegeben werden.

Die Taxonomiestufen für den affektiven Bereich lauten nach Krathwohl et al. 1975 zitiert nach (Schewior-Popp, 1998) wie folgt:

1. Aufmerksam werden/ Beachten
2. Reagieren
3. Werten
4. Organisation/ Ordnen von Werten
5. Charakterisierung durch einen Wert oder eine Wertstruktur.

Für die Bestimmung des Anforderungsniveaus des Examens könnte auch der deutsche Qualifikationsrahmen (DQR) herangezogen werden. Der DQR ist eine „umfassende, bildungsbereichsübergreifende Matrix zur Einordnung von Qualifikationen“ (Arbeitskreis Deutscher Qualifikationsrahmen [AK DQR], 2009, S.2), die auf acht Niveaustufen fachliche und personale Kompetenzen einordnet. Der DQR ist die nationale Umsetzung des Europäischen Qualifikationsrahmens und soll „zur angemessenen Bewertung und zur Vergleichbarkeit deutscher Qualifikationen in Europa beitragen“ (AK DQR, 2009, S.3) und dadurch die Chancen auf dem europäischen Arbeitsmarkt verbessern. Ferner wird als Ziel benannt „Gleichwertigkeiten und Unterschiede von Qualifikationen für Bildungseinrichtungen, Unternehmen und Beschäftigte transparenter zu machen und auf diese Weise Durchlässigkeit zu unterstützen“ (AK DQR, 2009, S. 3). Die Bund-Länder-Koordinierungsgruppe Deutscher Qualifikationsrahmen und der AK DQR haben einen DQR-Entwurf entwickelt, welcher „in einem nächsten Erarbeitungsschritt durch die beispielhafte Zuordnung von Qualifikationen auf seine Funktionsfähigkeit geprüft werden soll“ (AK DQR, 2009, S. 3). „Die acht Niveaustufen des DQR-Entwurfs beschreiben jeweils die Kompetenzen, die für die Erlangung einer Qualifikation erforderlich sind“ (AK DQR, 2009, S. 3). „Der DQR-Entwurf unterscheidet zwei Kompetenzkategorien: „Fachkompetenz“ – unterteilt in „Wissen“ und „Fertigkeiten“ und „personale Kompetenzen“, unterteilt in „Sozial- und Selbstkompetenz“ (AK DQR, 2009, S. 4).

7.6 Festsetzen des Anforderungsniveaus für das schriftliche ET-Examen

Zur Festsetzung des Anforderungsniveaus für das schriftliche ET-Examen können die schuleigenen Kompetenzprofile genutzt werden, die die Ergotherapieschulen zu Beginn der Modellphase erstellen sollten. Werden diese mit den Taxonomiestufen übereinander gelegt, so kann deutlich werden, auf welcher Stufe die Prüfung anzulegen ist. Es ist davon auszugehen, dass eher die höheren Taxonomiestufen angestrebt werden, da es bei Kompetenz immer um einen selbständigen Handlungsvollzug geht. Bei einem Abgleich müsste sich also mindestens die Stufe der Anwendung ergeben. Trotzdem sei angemerkt, dass nicht alle Inhalte der Ausbildung auf dem gleichen Niveau der Verinnerlichung und Anwendung angestrebt werden.

In Hinsicht auf den DQR als Bezugspunkt ist festzuhalten, dass die Ergotherapieausbildung auf der fünften Niveaustufe des DQR angesiedelt wird. Diese Stufe wird wie folgt bezeichnet: „Über Kompetenzen zur selbstständigen Planung und Bearbeitung umfassender fachlicher Aufgabenstellungen in einem komplexen, spezialisierten, sich verändernden Lernbereich oder beruflichen Tätigkeitsfeld verfügen" (AK DQR, 2009, S. 10). Die Detailbeschreibungen zu den Kompetenzkategorien sind der Tabelle 14 im Anhang zu entnehmen.

7.7 Bestimmen des Aufgaben- und Prüfungsumfangs

Zur Bestimmung des Umfangs muss zum einen die Anzahl der Aufgaben und ihr jeweiliger Umfang geklärt werden (Jürgens & Sacher, 2008). Die Reliabilität des Prüfungsergebnisses steigt mit der Anzahl der Aufgaben (Sacher, 2004). Zur Erhebung von Kompetenzen sind, so Jürgens und Sacher, jedoch eher komplexere und damit umfangreichere Aufgaben vonnöten. Zumindest wenn die Prüfung von Kompetenzen valide sein soll (Sacher). Jürgens und Sacher sehen zwei Aufgabensorten: Solche, die die Ganzheitlichkeit erfassen und in die Tiefe gehen und andere, die die Vollständigkeit und Breite abbilden. Als möglichen Kompromiss empfehlen sie die Prüfung aus beiden Sorten zusammenzustellen.

7.8 Bestimmen des Aufgaben- und Prüfungsumfangs für das schriftliche ET-Examen

Der Prüfungsumfang wird durch die ErgThAPrV festgelegt, die einen zeitlichen Rahmen von 180 Minuten für jeden Prüfungsteil vorsieht. Wie bereits bei der Bestimmung der Prüfungsinhalte und bei der Auswahl der Prüfungsmethoden deutlich wurde, sind durchaus mehrere und in ihrem Umfang verschiedene Aufgaben sinnvoll, um die Unterschiedlichkeit der Themen und geforderten Kompetenzen zu erfassen. Das bedeutet, dass der von Jürgens und Sacher (2008) geforderte Kompromiss einen geeigneten Weg darstellt, die verschiedenen Herausforderungen miteinander zu verbinden. So kann im ersten Prüfungsteil mit einer Analyse in die Tiefe gegangen und alle Grundlagenbereiche erfasst, sowie eine Planung angeschlossen werden. Dazu könnten mehrere kleinere Aufgaben die Breite der Krankheitsbilder erfassen. Auch im zweiten Prüfungsteil kann ähnlich vorgegangen werden. Hier könnte an einer Situation oder einem Fall die Kommunikation und Interaktion im Detail betrachtet und durch weitere kleinere Aufgaben die übrige Bandbreite dieses Prüfungsteils erhoben werden. Im dritten Prüfungsteil könnte an einem Fall der gesamte ET-Prozess erarbeitet und parallel dazu die Breite der Behandlungsmethoden in kürzeren Aufgaben erfasst werden.

7.9 Formulierung der Aufgaben

7.9.1 Aufgabenformulierung allgemein

In der Literatur finden sich verschiedene Hinweise zur Formulierung von Aufgaben. Zunächst sollte die inhaltliche Anforderung aus der Aufgabenstellung hervorgehen (Hundenborn & Kühn-Hempe, 2006). Dazu muss sich, so Rapp (1975), das Thema auf klar formulierte Lernziele beziehen. Zudem sollte die Art des erwarteten Ergebnisses (z.B. Fakten oder Situationsbeschreibung) (Hundenborn & Kühn-Hempe, 2006) sowie der erwartete Umfang der Beantwortung (Menge und Zeit) (Rapp, 1975) in der Aufgabenstellung bestimmt werden. Auch die Bearbeitungsmethode und Hinweise zu den Arbeitsschritten bzw. zur Strukturierung können geben werden (Hundenborn & Kühn-Hempe). Wie bereits unter 7.3.2 erläutert hängt der Schwierigkeitsgrad beziehungsweise die Möglichkeit eine Aussage über die Selbständigkeit des Schülers zu treffen von der Weite der Aufgabenstellung und der Vorstrukturierung ab.

In Bezug auf die Formulierung fordert Sacher (2004), dass die Aufgaben gut verständlich ausgedrückt und unbekannte Begriffe dabei vermieden werden. Er weist in diesem Kontext auf die Prüfung als eine emotionale Situation hin, in welcher das Sprachverständnis eingeschränkt sei. Das ganze solle übersichtlich gegliedert sein - lieber eine Aufzählung als ein Schachtelsatz - und klar in Informations- und Frageteil aufgeteilt sein. Zu letzterem heißt es: "Der Frageteil sollte eine unmissverständliche, präzise Anweisung geben, was Schüler zu tun haben" (Sacher, 2004, S.71). Durch die Wahl der Begriffe wird laut Mohr (2008) das Anspruchsniveau festgelegt. Schewior-Popp (1998) hat mögliche Verben, die in Aufgabenstellungen vorkommen, den Taxonomiestufen nach Bloom zugeordnet (siehe Tabelle 3) sowie von einigen die mögliche Bedeutung aufgezeigt (siehe Tabelle 4). Insgesamt ist es wichtig, so Mohr (2008), die Bedeutungen der Begriffe/ Anweisungen zuvor mit den Schülern zu klären.

Hundenborn (2007) liefert die folgenden Hinweise zu Aufgaben, die sich auf Fälle beziehen. Werden Aufgaben zu einem Fall gestellt, so sollte überprüft werden, ob sich diese sinnvoll auf den Fall beziehen. Auch sollte betrachtet werden, welche Anteile der Falldarstellung durch die Aufgaben erfasst werden, ob die Aufgaben darüber hinausgehen, oder ob sie womöglich ohne den Fall beantwortet werden können. Ferner muss abgeglichen werden, ob alle Informationen, die zur Bearbeitung der Aufgaben benötigt werden, auch wirklich im Fall enthalten sind.

Tabelle 3: Taxonomiestufen und mögliche Verben

Stufe 1 *Wissen*	nennen, aufschreiben, aufzählen, angeben, bezeichnen
Stufe 2 Verstehen	erklären, erläutern, definieren, begründen, ableiten, übertragen
Stufe 3 Anwendung	anwenden, ermitteln, berechnen, verwenden, erarbeiten, herausfinden
Stufe 4 *Analyse*	herausstellen, vergleichen, analysieren, gegenüberstellen, unterscheiden, einordnen, entnehmen
Stufe 5 *Synthese*	entwerfen, entwickeln, konzipieren, zuordnen, koordinieren, erstellen
Stufe 6 *Bewertung*	beurteilen, urteilen, bestimmen, (über)prüfen, entscheiden, Stellung nehmen

Tabelle 4: Bedeutung von Verben (nach Schewior-Popp, 1998, S. 184)

Nennen	„Aufzählen von Begriffen oder Sachverhalten"
Definieren	„Bestimmung eines Begriffs oder Sachverhalts durch die Nennung der wesentlichen Merkmale"
Erläutern, Beschreiben	„Darstellung einzelner Sachverhalte im Gesamtzusammenhang"
Erklären, Begründen	„Darstellung der Zusammenhänge von Ursachen"

7.9.2 Fallkonstruktion und Fallauswahl

Die Hinweise zur Konstruktion von Fällen unterscheiden sich für die Gruppe der Problemlösungs- und Entscheidungsfälle und die Gruppe der hermeneutischen Fälle.

7.9.2.1 Problemlösungs- und Entscheidungsfälle

Die folgenden Hinweise beziehen sich auf Hundenborn (2007). Sie hat aus verschiedenen Quellen heraus (u.a. von Steiner) die Anforderungen an einen Fall zusammengestellt.

Der Fall sollte, so Hundenborn (2007), der konkreten Wirklichkeit entsprechen. Ein realitätsnaher Fall weise automatisch eine hohe Komplexität auf und erfordere so berufliche Handlungskompetenz. Auch die Perspektivenvielfalt sei bei einem Fall aus der Realität gegeben. Gerade Therapeuten müssen sich die verschiedenen Perspektiven auf die jeweilige Situation bewusst machen und ihr Handeln darauf abstimmen. Künstlich konstruierte Fälle werden, so Hundenborn, leblos und die erwartete Lösung zu schnell ersichtlich. Auch soll der Fall nach Hundenborn sowohl nomothetische als auch idiographische Aussagen enthalten. Nomothetische sind regelhafte bzw. gesetzmäßige Aussagen, welche vom speziellen Fall unabhängig sind (Hundenborn). Idiographische hingegen kommen nur in diesem Einzelfall vor (Hundenborn). Hundenborn betont hier, dass bei reinen nomothetischen Angaben die Schüler nicht lernen, eine individuelle Planung zu erstellen. Auf die Prüfung übertragen wäre man ohne idiographische Angaben schnell wieder beim Abfragen von Faktenwissen, ohne dies in Beziehung zu einem spezifischen Fall zu setzen. Hundenborn verlangt, Fälle auszuwählen, welche relevant für das Berufsleben sind, damit die Fallbearbeitung auf das tatsächliche

Berufsleben vorbereitet. Diese Überlegungen von allgemeinen und speziellen Anteilen entsprechen einem Gedankengang, wie er auch bei der Reduktion von Unterrichtsinhalten vorgenommen wird. Hier sollten die ausgewählten Beispiele ebenfalls vom Speziellen auf das Allgemeine sowie andere Sachverhalte übertragbar sein. Der ausgewählte Realitätsausschnitt soll nach Hundenborn den aktuellen wissenschaftlichen Erkenntnissen entsprechen und mit wissenschaftlichen Regeln, Theorien etc. zu bearbeiten sein. Er solle widerspruchsfrei zur allgemeinen wissenschaftlichen Erkenntnis sein.

Nach Hundenborn (2007) soll ein Fall mehrere Lösungsmöglichkeiten zulassen. Nur auf diese Weise können die Schüler zu dem Bewusstsein gelangen, dass mehr als eine Lösung möglich ist (Hundenborn). Die Breite der Lösungsmöglichkeiten hängt teilweise auch mit der Komplexität von pflegerischen und therapeutischen Situationen zusammen. An der Bearbeitung eines Falles soll die berufliche Handlungskompetenz in beruflichen Situationen deutlich werden. Daher fordert Hundenborn, dass dem Fall eine Situation zugrunde gelegt wird, die durch die Situationsmerkmale gekennzeichnet ist. In der Falldarstellung müssen nicht zwingend alle Merkmale im Detail enthalten sein, sondern es können je nach Ziel und Aufgabenstellung Schwerpunkte gesetzt werden. Wie bereits angemerkt, haben Klemme et al. (2005) die Merkmale einer Therapiesituation angepasst, welche weiter unten dargestellt werden.

Neben dieser Reihe von inhaltlichen Anforderungen liefert Hundenborn (2007) noch Hinweise in Richtung „methodischer Natur". So sollte der Fall nach Hundenborn überschaubar sein. Dadurch kann Motivation aufgebaut werden, was gerade für eine Prüfungssituation wünschenswert ist, anstatt zu Überforderung zu führen (Hundenborn). Ebenfalls einen Einfluss auf die Motivation hat der Aufforderungscharakter, den ein Fall aufweisen sollte. Ferner ist nach Hundenborn ein angemessener Schwierigkeitsgrad, bezogen auf die Lerngruppe, anzustreben. Die Zeit- und Erzählstruktur sollte klar sein und die Darstellung aus einer geeigneten Erzählperspektive (Auktoriale, Ich oder Er) erfolgen.

Konstitutive Merkmale einer therapeutischen Situation

Die im Folgenden aufgezeigten Merkmale beziehen sich auf die Systematik von Klemme et al. (2005), verbunden mit kurzen Beschreibungen von Kaiser (1985). Die Bezeichnungen der Merkmale sind von Klemme et al., die in Klammern gesetzten Ausdrücke sind die von Kaiser. Die für die Ergotherapie ergänzten Beispiele erheben keinerlei Anspruch auf Vollständigkeit, sie dienen lediglich der Verdeutlichung der Begriffe.

Objektiver und subjektiver Therapieanlass (Situationszweck)
Handeln ist laut Kaiser (1985) Ausdruck einer Absicht oder eines Anlasses. Zur Erschließung dessen könne man also fragen: „Woraufhin ist die Situation angelegt?" oder „Wozu läuft die Situation ab?" Unter dem objektiven Therapieanlass ist Krankheit, Behinderung oder eingeschränkte Funktion/ Aktivität/ Partizipation zu verstehen, aufgrund derer die ergotherapeutische Maßnahme stattfindet. Aus subjektiver Sicht kann es die Abhängigkeit von fremder Hilfe oder die Einschränkung im Alltag sein (Klemme et al., 2005). Auf der Mesoebene können Probleme in der Terminabstimmung oder der Kostenübernahme der Auslöser sein.

Subjektives Erleben und Verarbeiten des Klienten
Wie erlebt der Klient seine aktuelle Situation (Klemme et al., 2005)? Hier können Zustände wie Schmerz, Belastung, Angst, Trauer, Freude, Gleichgültigkeit oder Überforderung geschildert werden. Auch die Verarbeitung des Erlebens, zum Beispiel in Form der beobachteten Coping-Strategien, zählt zu diesem Merkmal.

Interaktionsstrukturen (Rollenstruktur)
Kaiser (1985) fragt hier danach, wer welche Rolle einnimmt und welche Erwartungen darüber an die Akteure gestellt werden. Die Strukturen von Interaktion und Kommunikation der beteiligten Akteure können beispielsweise anhand eines Kommunikationsmodells geschildert werden. Interaktionsstrukturen unterscheiden sich nach Mikro-, Meso- und Makroebene. Interaktionspartner können Klienten und Angehörige (Mikroebene), andere Ergotherapeuten, Physiotherapeuten oder Ärzte (Mesoebene) sowie Vertreter von Kostenträgern (Makroebene) sein. Der Ergotherapeut kann die Rolle des Behandlers, Beraters oder Anleiters einnehmen, der Klient die des Hilfesuchenden, Leidenden, Ratsuchenden. Rollenerwartungen an den Ergotherapeuten

können in Hilfe, Empathie, umfassender Kompetenz, Freundlichkeit, Verantwortungsbewusstsein und dem Einhalten von Absprachen liegen. Konstruktive Mitarbeit, Motivation, Flexibilität können Erwartungen an den Klienten sein.

Therapeutische Prozesse (Handlungsmuster)
Handlungsmuster bestehen laut Kaiser (1985) aus den regelmäßig vorkommenden Handlungsabläufen, welche den "roten Faden" bilden, sowie den Handlungserwartungen. Bezogen auf die Ergotherapie sind es auf der Mikroebene alle Tätigkeiten, die innerhalb des ergotherapeutischen Prozesses ablaufen, wie Anamnesegespräch, Befunderhebung, Zielabsprache, Therapieplanung, Behandlung, Beratung, Anleitung, Dokumentation. Auf der Meso- und Makroebene sind solche Aufgaben wie Gespräche mit Ärzten, Kostenträgern und anderen involvierten Personen (z.B. Erzieher), Teamgespräche, Berichte schreiben, Organisationsabläufe, Kongressteilnahme oder Öffentlichkeitsarbeit zu gruppieren.

Tätigkeitsfeld
Hierunter ist die Institution mit ihrer Ausstattung zu fassen. Nach Kaiser (1985) liefern räumliche und zeitliche Gegebenheiten oft erste Anhaltspunkte zur Situationsdefinition. Beispiele für Institutionen, in denen Ergotherapeuten tätig sind: Ambulante Praxis, Akutkrankenhaus, Rehabilitationsklinik, Tageseinrichtungen oder Werkstätten. In der Darstellung der Ausstattung kann es zum Beispiel von Interesse sein, ob es eine Therapieküche gibt, oder welche Art von Therapiematerial zur Verfügung steht.

Gesellschaftssystem
Der gesellschaftliche Kontext ist die alles umfassende Makroebene (Klemme et al., 2005). Hierunter fallen gesellschaftliche Werte und Normen, gesetzliche Regelungen über den Beruf und zur Kostenübernahme, die Gesundheitspolitik oder das Verordnungsverhalten der Ärzte.

7.9.2.2 Hermeneutische Fälle

Für hermeneutische Fälle sind es weniger Konstruktions- als vielmehr Auswahlkriterien, die Hundenborn (2007) benennt, da diese nach Möglichkeit nicht didaktisch aufbereitet werden, sondern der unveränderten Wirklichkeit entsprechen. Hierzu merkt Hundenborn an, dass Veränderungen bereits durch die Protokollierung oder Transkription von Kommunikationssituationen entstehen. Für eine hermeneutische Fallbearbeitung sollten, so Hundenborn,

Textprotokolle ausgewählt werden, die eine authentisch dokumentierte Handlungssituation oder Problemkonstellation beinhalten. Auch hier sind relevante Wirklichkeitsausschnitte der Berufspraxis wünschenswert. Die Fallakteure sollten nach Hundenborn durch Anonymisierung der Daten geschützt werden. Dies trage auch zu rückhaltloser Auslegung und Interpretation der Situation seitens der Schüler bei. Ferner ist bei der Auswahl mit einzubeziehen, dass die Falldeutung das Eigenerleben der Fallbearbeiter zur Sprache bringt, also eine Konfrontation und Auseinandersetzung mit den eigenen Vorlieben, Präferenzen, Sichtweisen und Erfahrungen nach sich zieht (Hundenborn).

7.10 Formulierung der Aufgaben für das schriftliche ET-Examen

An dieser Stelle ist kein Übertrag allgemeiner Natur auf das ET-Examen sinnvoll, da es neben den bereits dargestellten allgemeinen Überlegungen nichts zusätzlich Allgemeines für die Ergotherapie gibt. Es würde an dieser Stelle vielmehr darum gehen, konkrete Situationen, Fälle und Aufgaben für das schriftliche ET-Examen zu formulieren. In der Gesamtheit würde es den Rahmen des vorliegenden Konzeptes sprengen. Da aber dieser sowie die nachfolgenden Punkte besser an einer konkreten Aufgabenstellung zu verdeutlichen sind, wird nun ein kleiner Prüfungsausschnitt beschrieben. Es stellt einen Fall mit dazugehöriger möglicher Fragestellung für den ersten Prüfungsteil dar. Jenes Beispiel wird auch in dem „Komplettpaket" im Anhang wieder aufgegriffen.

Es handelt sich hierbei um einen Fall der Problem-Finding-Methode. Die Situation der Klientin soll analysiert und weitere Fragen zum Fall beantwortet werden. Im zweiten Schritt erhalten die Schüler eine Fortsetzung des Falls, anhand derer sie eine Wohnraumanalyse durchführen sollen. Inhaltlich werden alle Schwerpunkte des ersten Prüfungsteils bis auf die Handlungsfähigkeit von Kindern aufgegriffen. Der Fall stellt nur einen Ausschnitt der Prüfung dar, die Vielfalt der Krankheitsbilder kommt hier noch nicht ausreichend zum Tragen.

Berufstypische Situation, welche der Fallkonstruktion zugrunde liegt:
Sie sind Ergotherapeutin in einer geriatrischen Rehabilitationsklinik und behandeln eine ältere Dame nach Sturz mit Oberschenkelhalsfraktur, welche

operativ versorgt wurde. Die Klientin hat zudem einen arteriellen Hypertonus, Diabetes Mellitus Typ II und eine beginnende Demenz. Am nicht betroffenen Bein hat sie schon seit längerem eine kleine offene Stelle, welche nicht gut abheilt. Die Dame soll in Kürze nach Hause entlassen werden. In der Physiotherapie wird die Gehfähigkeit angebahnt. Sie führen mit der Klientin morgens Wasch- und Anziehtraining durch. Sie planen einen Hausbesuch, um sich ein Bild von der Wohnsituation der Dame zu verschaffen und gegebenenfalls (bauliche) Veränderungen und Hilfsmittel zu empfehlen.

Fall

Sie arbeiten als Ergotherapeut/-in auf einer Station für geriatrische Rehabilitation und behandeln folgende Patientin:

Frau Schmidt ist 75 Jahre alt und leidet an arteriellem Hypertonus, Diabetes Mellitus Typ II und beginnender Demenz. Gelegentlich treten Schwindelattacken auf. Am linken Bein hat sie eine kleine offene Stelle, die laut Frau Schmidt „einfach nicht zuheilen will". Vor zwei Wochen ist Frau Schmidt bei Glatteis gestürzt und hat sich eine mediale Schenkelhalsfraktur (rechts) zugezogen, die mit einer TEP operativ versorgt wurde. Sie darf ihre Hüfte wieder belasten, in der Physiotherapie wird die Gehfähigkeit angebahnt. Frau Schmidt hat ihnen erzählt, dass sie sich noch nicht traut, alleine zu laufen und lieber einen Rollator benutzt, zumal ihr dieses Schwindelige und Schwarze vor Augen nicht geheuer sei, das so unberechenbar auftauche. Sie führen jeden Morgen mit Frau Schmidt ein Wasch- und Anziehtraining durch.

Frau Schmidt ist verwitwet und lebt in einer kleinen Einliegerwohnung. Ihr Sohn mit seiner Familie lebt im gleichen Haus. Frau Schmidt hat Bedenken, ob sie denn auch in Zukunft in ihrer Wohnung zurechtkommt und ob für den Rollator genügend Platz ist. Ihr Sohn und dessen Frau sind berufstätig. Bis zu ihrem Sturz hat Frau Schmidt für ihre beiden Enkelkinder Mittagessen gekocht, wenn diese aus der Schule kamen.

Im Hinblick auf die anstehende Entlassung von Frau Schmidt führen Sie einen Hausbesuch durch, um die Wohnsituation von Frau Schmidt zu begutachten und sie hinsichtlich (baulichen) Veränderungen und Hilfsmitteln zu beraten.

Fragen zum Fall

1. Bitte analysieren Sie die Probleme und Ressourcen von Frau Schmidt. Nutzen Sie zur Strukturierung ihrer Analyse die Komponenten der ICF.
2. Stellen Sie in einem Schaubild dar, wie die beschriebenen Krankheitsbilder und ihre Symptome möglicherweise zusammenhängen.
3. Erläutern Sie kurz, welche Tests oder Assessments Sie anwenden würden, um sich ein genaueres Bild von den Einschränkungen und Fähigkeiten Frau Schmidts zu machen.
4. Welche Therapieziele lassen sich aus der Analyse ableiten?

5. Erläutern Sie die Finanzierung (Zuständigkeit, gesetzliche Grundlage) der ergotherapeutischen Behandlung im Rahmen des Klinikaufenthaltes und die Finanzierung des einmaligen Hausbesuchs von Frau Schmidt.

Die Aufgabenstellung von Frage 1 könnte auch weiter differenziert werden und würde dann lauten:

1. Analysieren sie die Situation von Frau Schmidt.
    a. Halten Sie sämtliche Probleme und Ressourcen in einer Tabelle fest. Nutzen Sie dafür zur Strukturierung die Komponenten der ICF.
    Ergänzen Sie die Angaben aus dem Fall durch ihr Fachwissen.
    b. Beschreiben Sie mögliche Wechselwirkungen/ Zusammenhänge zwischen den Problemen bzw. Ressourcen.
    c. Fassen Sie in Textform die wichtigsten Probleme, Ressourcen und Wechselwirkungen zusammen.

Diese Art der Aufgabenstellung gibt wesentlich mehr Hilfestellung für das Vorgehen, wodurch die methodische Kompetenz bzw. die Zielgerichtetheit weniger gut beurteilt werden kann. Die Aufgabe 2 würde entfallen, da diese inhaltlich bereits durch 1b erhoben wird.

Fortsetzung des Falls für die Wohnraumanalyse:

Die Wohnung von Frau Schmidt liegt im Erdgeschoss, vor der Haustür befindet sich eine Stufe. Die Wohnung besteht aus Wohnzimmer, Schlafzimmer, Bad, Flur und kleiner Küche. In ihrer Wohnung befinden sich unter anderem ein paar alte Möbelstücke, die ihr sehr ans Herz gewachsen sind, wie ihr gemütlicher Ohrensessel. Im Bad, welches klein ist, befindet sich eine Dusche. Die Küchenzeile besteht aus einem normalen Elektroherd mit Backofen, einer Spüle, einem Kühlschrank auf Unterschrankhöhe und Hängeschränken für das Geschirr. Eine Sitzmöglichkeit gibt es nicht in der Küche, der Esstisch steht im Wohnzimmer.

Fragen zum Fall

6. Analysieren Sie die Wohnsituation von Frau Schmidt
    a. hinsichtlich den Bewegungsvorgaben nach einer Hüft-TEP
    b. hinsichtlich der Gefahrenquellen für Stürze.

7. Welche Veränderungen sollten auf Grund Ihrer Analyse vorgenommen werden und welche Hilfsmittel sollten angeschafft werden?
8. Auf welche weiteren Dinge würden Sie in der Wohnung einer älteren Dame wie Frau Schmidt achten, wenn Sie den Hausbesuch durchführen und warum?

7.11 Anordnung der Aufgaben

In der Bearbeitung der Prüfung hält sich der Großteil der Schüler an die vorgegebene Reihenfolge (Jürgens & Sacher, 2008). Daher sollte diese auch „eine psychologisch und pädagogisch sinnvolle sein, welche die Schüler beibehalten können, ohne Nachteile dadurch zu erleiden" (Jürgens & Sacher, 2008, S. 95). So können anspruchsvolle Aufgaben zu Beginn einer Prüfung Ängste und Blockaden aufbauen. Am Ende einer Prüfung, wenn die Konzentration nachlässt, ist ihre Beantwortung ebenfalls gefährdet (Jürgens & Sacher). Sie empfehlen daher zu Beginn leichtere Aufgaben mit niedrigem Komplexitätsgrad und die schwierigsten Aufgaben im Mittelteil der Prüfung anzusiedeln. Auch Becker (2007) misst der ersten Aufgabe besondere Bedeutung bei. Diese solle eine schwierige Aufgabe sein, die aber alle Schüler lösen können. Dadurch würden ein positives Gefühl und ein angemessener kognitiver Stil entstehen, welche die Lösung der nachfolgenden Aufgaben fördern. Mehrere geschlossene Aufgaben sollen nach Becker in den ersten Teil. So hätten die Schüler die Chance, in kurzer Zeit viele Punkte zu sammeln, welches zu emotionaler Stabilität beitrage. Offene Aufgaben hingegen sollten am Ende stehen. Hier können die Schüler durch differenzierte Beantwortung ihr Können unter Beweis stellen und es würden unterschiedliche Bearbeitungszeiten aufgefangen (Becker). Dies ist insofern kritisch zu sehen, als dass Schüler, die über das Potential für eine differenzierte Beantwortung verfügen, zugleich eine schnelle Arbeitsweise haben müssen, damit sie am Ende ihr Können auch tatsächlich unter Beweis stellen können. Becker empfiehlt zudem thematische Aufgabengruppen, die in sich einen gestuften Schwierigkeitsgrad aufweisen.

Hundenborn und Kühn-Hempe (2006) weisen darauf hin, dass bei situationsbezogenen Aufgabenstellungen durch den Praxisbezug der Handlungslogik der jeweiligen Situation gefolgt werden kann. Auch Depping und Schneider (2003) empfehlen ebenfalls die Anordnung der Aufgaben nach einem Handlungszyklus.

Auch die für die Bearbeitung von Fällen dargelegten Schemata können bzw. sollten durch die Reihenfolge der Aufgaben aufgegriffen werden. Sofern das Vorgehen nach einem entsprechenden Schema vorgesehen ist und die Schüler jenes nicht von alleine wissen sollen.

7.12 Anordnung der Aufgaben für das schriftliche ET-Examen

Eine mögliche Handlungslogik, nach der die Aufgaben angeordnet werden können, stellt der ET-Prozess nach Hagedorn (2000) dar.

Eine weitere Variante hat die AG Prüfung der Ergotherapie-Modellschulen aus NRW erarbeitet. Danach sollen die Schüler zunächst tiefer in den Fall einsteigen und diesen gründlich analysieren. Zur Strukturierung können hier verschiedene Dinge gewählt werden, wie die ICF, ein ergotherapeutisches Modell, oder auch die Merkmale einer Therapiesituation. Nachdem die Schüler sich vertieft mit dem Fall auseinandergesetzt haben, folgen weitere Fragen. Diese können sich auf theoretisches Wissen beziehen, welches im Fall benötigt wird bzw. sich daraus ergibt. Oder sie zielen auf höhere kognitive Prozesse ab und verlangen Transferwissen und Vernetzung. Im Beispielfall zum ersten Prüfungsteil wurde versucht, dieser Struktur zu folgen. Sie ist aus der Reihenfolge unter 7.10 zu entnehmen.

7.13 Ausarbeitung einer Musterlösung

Das Ausarbeiten einer Musterlösung bzw. das Darlegen des Erwartungshorizontes trägt zur Reduzierung möglicher Beurteilungsfehler bei und bringt eine Reihe von Vorteilen mit sich. So können "Ungereimtheiten, ungewollte Schwierigkeiten und Mehrdeutigkeiten" (Jürgens & Sacher, 2008, S.97) entdeckt werden. Ferner würde es zu einer präziseren Aufteilung in Teilschritte aufgrund der Punkt- oder Fehlerzuweisungen kommen. Auch läuft man laut Sacher (2004) durch das Festhalten einer Musterlösung nicht Gefahr, die ungenauen Vorstellungen den tatsächlichen Schülerleistungen anzupassen. Insgesamt sollte man sich bei der Erstellung aber in den Schüler hineinversetzen, auch was mögliche Hilfsmittel und die Bearbeitungszeit betrifft (Sacher). Denkbar ist auch, dass Musterlösungen bei fächerübergreifenden Prüfungen die Korrektur durch eine Person ermöglichen, auch wenn ursprünglich mehrere Lehrkräfte involviert waren.

Bei offenen komplexen Aufgaben entsteht das Problem von mehreren richtigen Lösungen, für die die Beurteiler offen sein sollten. Dies stellt ganz eindeutig eine große Herausforderung an die Beurteiler dar und bedeutet, dass sie so objektiv sein müssen, nicht nur ihre Lösung als die richtige anzusehen. Eventuell bieten hier die Gütekriterien einer Lernhandlung von Richter die Möglichkeit, den Erwartungshorizont auf einem abstrakteren Niveau festzuhalten. Damit würde nicht jeder mögliche Lösungsweg bis ins Detail festgehalten, sondern man würde die prinzipiell möglichen Lösungen benennen. Die Art und Weise, wie diese durch die Schüler bearbeitet wurden, können dann mittels der Gütekriterien einer Lernhandlung beurteilt werden. Dies würde allerdings die Korrektur durch die jeweils fachkundige Lehrperson bedeuten.

7.14 Ausarbeitung einer Musterlösung für das schriftliche ET-Examen

Für die unter 7.10 beschriebene Musteraufgabe wird hier nun eine Musterlösung zur Aufgabe 1 (ausführliche Variante) dargestellt. Diese ist als Beispiel zu verstehen, da die erwartete Antworttiefe natürlich jeweils von der Schule festgelegt werden muss, damit sie, wie beschrieben, dem vorherigen Unterrichtsniveau entspricht.

Musterlösung zu Aufgabe 1a
Diese Lösung wird in den Tabellen 5 und 6 dargestellt.

Tabelle 5: Analyse des Fallbeispiels nach der ICF, Teil 1

Körperstrukturen	Körperfunktionen	Aktivität und Partizipation
Schenkelhalsfraktur, TEP	Bewegungsausmaß des Hüftgelenks eingeschränkt Angst vor erneutem Sturz	Waschen Anziehen Haushalt Essen kochen
Bauchspeicheldrüse (Pankreas): Insulinsekretion gestört (und Insulinresistenz der Zielzellen)	Diabetes Mellitus	Eingeschränkte Lebensmittelauswahl; Medikamente einnehmen/ spritzen
Nervensystem	Schwindel □ Angst vor erneutem Sturz	Mobilität, Haushalt
Nervensystem	Demenz, im Anfangsstadium: Orientierung und Gedächtnis betroffen	Unklar, wie lange noch Essen kochen und Haushalt führen; evtl. Probleme bei Medikamenteneinnahme
Haut	Offene Stelle mit schlechter Wundheilung	Körperpflege schwieriger
Kardiovaskuläres System	Arterieller Hypertonus	

Tabelle 6: Analyse des Fallbeispiels nach der ICF, Teil 2

Kontextfaktoren	+ Förderfaktoren - Barrieren
Verwitwet	- keine Hilfe durch Partner bei kleinen Handgriffen zwischendurch - keine Kompensation bei kleineren Ausfällen durch Demenz
Kleine enge Wohnung	- kein Platz für Rollator
Rollator	+ Sicherheit beim Gehen
Wohnung im gleichen Haus wie Sohn	+ Unterstützung durch Familie leichter möglich - emotionale Belastung möglich, da sie der Familie nicht zur Last fallen möchte

Musterlösung zu Aufgabe 1b

In Folge des Diabetes Mellitus kann es zu Arteriosklerose sowie zu arteriellem Hypertonus kommen, welcher wiederum die Arteriosklerose verstärken kann. Schwindel und Demenz können eine Folge der Arteriosklerose sein, aber auch andere Ursachen haben. Zu Schwindel kann es kommen, wenn die das Gehirn versorgenden Arterien arteriosklerotisch verengt sind und die Arteriae vertebrae bei Reklination des Kopfes komprimiert wird. In diesem Moment ist die Sauerstoffzufuhr unzureichend und es kann zu Schwindel kommen. Es wäre im vorliegenden Fall folglich wichtig, Frau Schmidt über diesen Zusammenhang aufzuklären, damit sie entsprechende Bewegungen in ihrem Alltag vermeidet. Es gibt verschiedene Formen von Demenz; eine mögliche ist die Multi-Infarkt-Demenz. Die Infarkte könnten durch die Arteriosklerose mit hervorgerufen werden. Es werden im Fall jedoch keine Infarkte geschildert, so dass es sich wahrscheinlich um eine andere Form der Demenz handelt. Die schlecht heilende Wunde am Bein kann ebenfalls mit dem Diabetes mellitus zusammenhängen, da dieser auf Grund von Gefäßschädigungen und von Neuropathien der vegetativen Gefäße zu Wundheilungsstörungen führen kann. Auch die Wundheilung nach der Operation könnte entsprechend beeinträchtigt sein. Polyneuropathien im Fußbereich auf Grund von Diabetes Mellitus können zu Gangunsicherheit führen und so zu erhöhter Sturzgefährdung beitragen.

Musterlösung zu Aufgabe 1c

Als größtes Problem ist das eingeschränkte Bewegungsausmaß aufgrund der TEP zu sehen. Dies führt zur Beeinträchtigung einer selbständigen Haushaltsführung sowie der Betreuung ihrer Enkel. Dadurch kann es zu Problemen in der Krankheitsverarbeitung und einem Gefühl von Abhängigkeit kommen. Gleichzeitig ist es durch die häusliche Nähe zu ihrer Familie aber auch leichter möglich, dass sie von diesen Hilfe erhält. Zudem ist es vielleicht auch möglich, die Mittagsessenssituation mit den Enkeln gemeinsam zu gestalten, so dass Bewegungseinschränkungen kompensiert werden können. An dieser Stelle ist langfristig die Frage, wie schnell die Demenz fortschreitet und sie überhaupt noch in der Lage ist, jene Aufgabe zu übernehmen.

7.15 Erstellung eines Bewertungsschemas

Zur Erstellung eines Bewertungsschemas können die Gütekriterien einer Lernhandlung nach Richter (2002) hinzugezogen werden (siehe Kapitel 6). Diese müssen passend zur jeweiligen Aufgabenstellung operationalisiert und mit einer Bewertungsskala versehen werden. Am Ende müssen diese Skalenwerte in eine Note überführt werden. Anhaltspunkte zur Gewichtung von Aufgaben und zum Vorgehen beim Erstellen von Notenskalen wurden im Kapitel 4.6 erläutert. Richter hat relativ allgemeingültige Operationalisierungsbeispiele für die Gütekriterien entwickelt. Die Oberbegriffe dieser Items sollen hier genannt und an einigen Stellen durch Formulierungen aus der EAR ergänzt oder spezifiziert werden. Richter legt beim Gütekriterium der sozialen Eingebundenheit seinen Schwerpunkt auf Teamarbeit, den Umgang im Team, gegenseitige Hilfestellung etc.. In der Ergotherapie bezieht sich soziale Kompetenz jedoch nicht nur auf die Teamarbeit, sondern auch auf den Umgang mit den Patienten. Daher soll die Auflistung von Richter um entsprechende Items ergänzt werden; sie entstammen der Beschreibung der sozialkommunikativen Kompetenz der EAR. Auch das Kriterium der Selbstreflexion wurde um weitere Punkte aus der Personalkompetenzbeschreibung der EAR ergänzt. Diese Formulierungen entstammen den Beschreibungen der Teilkompetenzen der EAR. Im Anhang befindet sich eine Übersicht, welche die Gütekriterien, Oberbegriffe und alle Items von Richter enthält (siehe Tabelle 15 im Anhang).

Es folgen die Gütekriterien einer Lernhandlung nach Richter (2002) mit den Oberbegriffen der Items sowie den Ergänzungen aus der EAR:

Zielgerichtetheit

- Konzentration auf das Wesentliche
- Vorhandensein von Handlungsregulation
- Ziel-Resultat-Vergleich

Gegenstandbezug

- Fachliche Richtigkeit
- Fehlerkorrektur im Handlungsverlauf

Soziale Eingebundenheit

- Gemeinsame Ziele der Gruppe
- Konkrete Festlegung des (gemeinsamen) Arbeitsprogramms
- Eigenständige Aufgabenverteilung innerhalb der Gruppe
- Eigenständige Behebung von Störungen im Gruppenprozess
- Hilfestellung bei Schwierigkeiten anderer Gruppenmitglieder

Aus der EAR:

- Gedanken und Beobachtungen präzise mündlich und schriftlich wiedergeben
- Beziehungen zu anderen Menschen aufbauen, halten, beenden
- Perspektivwechsel (die Welt des Klienten bzw. aus seinem Blickwinkel zu sehen)
- Gespräche gezielt initiieren, leiten und beenden

Selbstständigkeit

- Keine unnötige äußere Hilfe
- Eigenständige Informationserweiterung
- Systematische Dokumentation
- Vernetzung des Wissens

Selbstreflexion

- Einschätzung der eigenen Fähigkeiten
- Beharrungsvermögen
- Kritische Distanz
- Bewusster Wissenserwerb

Aus der EAR:

- Wirkung der eigenen Person einschätzen und berücksichtigen (in Therapie/mit Kollegen)
- Balance zwischen Nähe und Distanz finden
- Persönliche Haltung zu existentiellen und ethischen Fragen klären/ reflektieren

7.16 Erstellung eines Bewertungsschemas für das schriftliche ET-Examen

Es wird eine mögliche Operationalisierung der Gütekriterien für Aufgabe 1 (ausführlichere Variante) aus der Beispielaufgabe von 7.10 bzw. 7.14 dargestellt. Es wird jeweils eine positive und eine negative Ausprägung formuliert. Eine Abstufung zwischen den beiden Extremwerten könnte über die Punktevergabe erreicht werden, zum Beispiel fünf Punkte für die positive Ausprägung und null Punkte für die negative und für Leistungen, die dazwischen liegen, entsprechend ein bis vier Punkte. Für eine gerechte Bewertung müssten eigentlich auch die Zwischenwerte definiert werden, an dieser Stelle sind eventuell Nutzen und Aufwand gegeneinander abzuwägen. Ein möglicher Kompromiss stellt die Formulierung der mittleren Ausprägung dar.

Durch die differenzierte Art der Aufgabenstellung wird den Schülern viel Hilfestellung für das Vorgehen gegeben, so dass die Zielgerichtetheit weniger gut beurteilt werden kann. Andererseits wären die nachstehenden Beurteilungskriterien eventuell auch etwas vermessen, würde nur die erste kurze Variante der Aufgabenstellung gegeben werden.

Gegenstandsbezug

Positive Ausprägung	Negative Ausprägung
Die ICF-Komponenten werden korrekt und vollständig gefüllt.	Die Komponenten werden falsch genutzt und unzureichend ausgefüllt.
Die vorhandenen und potentiellen Wechselwirkungen zwischen den Komponenten werden vollständig herausgearbeitet.	Es werden keine Wechselwirkungen aufgezeigt.
Bei der Füllung der Komponenten durch die Angaben aus dem Fall werden Ergänzungen auf Basis des vorhandenen Wissens vorgenommen.	Es werden keine Ergänzungen vorgenommen.

Zielgerichtetheit

Positive Ausprägung	Negative Ausprägung
Nutzt die Struktur der ICF für die Analyse.	Die Analyse erfolgt ohne jegliche Struktur.
Legt eine Tabelle an, um alle Details zu erfassen und zu ordnen.	Die Analyse wird in einem unstrukturierten Fließtext dargelegt.
Es werden Prioritäten gesetzt und die wichtigen Punkte in Textform wiedergegeben.	Es werden keine Prioritäten gesetzt, sondern sämtliche Punkte wiedergegeben.

Soziale Eingebundenheit

Positive Ausprägung	Negative Ausprägung
Versetzt sich in die Lage von Frau Schmidt und betrachtet die Probleme aus deren Perspektive.	Es wird kein Perspektivwechsel vorgenommen.

8 Resümee und Ausblick

Mit der Umsetzung der EAR im Rahmen des Modellprojekts wurde auch eine Umstellung des Examens in Richtung Kompetenzorientierung notwendig, damit sich das didaktische Grundverständnis der Ausbildung auch in der Prüfung wieder findet. Rückblickend kann festgestellt werden, dass in dieser Veröffentlichung einige wichtige theoretische Hintergründe in Bezug auf kompetenzorientierte Prüfungen dargestellt wurden, die den Lehrkräften in der Konzipierung solcher Prüfungen dienlich sein können. Der Bedarf nach theoretischen Bezügen und praktischen Wegen wurde bei den Arbeitstreffen der AG Prüfung der Modellschulen immer wieder deutlich. Das Vorgehen bei der Ermittlung der inhaltlichen Schwerpunkte der drei Prüfungsteile ist als subjektiv anzusehen, durch eine andere Gruppierung der Inhalte können auch andere Schwerpunkte entstehen. Die geringe Literaturlage zu schriftlichen kompetenzorientierten Prüfungen wurde als wenig befriedigend empfunden, zumal diese sich meist auf fallorientierte oder situationsbezogene Aufgabenstellungen begrenzen. Die Hoffnung, bei intensiverer Auseinandersetzung mit dem Thema auf Prüfungsmethoden zu stoßen, welche der Autorin noch nicht aus dem Studium bekannt waren, hat sich nicht erfüllt.

Für die Zukunft des kompetenzorientierten Prüfens an Ergotherapieschulen stellen sich einige Herausforderungen, aber auch Chancen dar, auf die hier ein Ausblick gegeben werden soll.

Eine erste Hürde, die sich den Schulen bzw. den Lehrkräften stellt, bevor sie Prüfungen in der dargelegten Art und Weise durchführen können, sind ihre bisherigen schulinternen Prüfungstraditionen. Diese müssen zunächst aufgebrochen und im gesamten Team die Bereitschaft und Motivation zur Anwendung kompetenzorientierter Prüfungsmethoden entwickelt werden. An jener Stelle sei auf die teilweise hohe Anzahl von Honorardozenten an den Schulen hingewiesen, deren Integration in solche Prozesse schon allein aus organisatorischen Gründen wesentlich schwieriger ist.

Ferner stehen die Schulen vor der Aufgabe, ihren bisherigen Unterricht einer kritischen Betrachtung zu unterziehen. Denn anspruchsvolle Prüfungsmethoden, wie sie hier vorgestellt wurden, sollten nur eingesetzt werden, wenn die Schüler sie bereits im vorangegangenen Unterricht intensiv kennen gelernt haben. Kompetenzorientiertes Prüfen erfordert also auch eine konsequente Umstellung der Ausbildung hin auf kompetenzorientierte Unterrichtsmethoden bzw. stellt die Antwort auf entsprechende Unterrichtsmethoden dar. Hier könnte eine weitere pädagogische Qualifikation der Lehrkräfte zur Veränderung des Unterrichtsgeschehens beitragen. Auch sollten die Schulen in der Umstellungsphase die einzelnen Kurse in den Blick nehmen. Schulen, die ihre Ausbildung in zwei Jahre Theorie und ein Jahr Praxis strukturiert haben, senden nun bald den ersten EAR-Kurs in die praktische Phase. Bevor neue Prüfungsmethoden zum Einsatz kommen, muss hier analysiert werden, inwieweit sie mit dem jeweiligen Unterricht übereinstimmen, da eine „Übungsphase" nicht mehr möglich ist.

Die Objektivität bei offenen Prüfungsmethoden ist deutlich geringer, hier entsteht eine Herausforderung für die Lehrkräfte. Sie sollten sich möglichen Beurteilungsfehlern bewusst sein, um diese weitestgehend gering zu halten. Dabei sei auch angemerkt, dass selbst scheinbar objektive Beobachtungs- und Beurteilungskriterien immer noch der Subjektivität des Prüfers unterliegen. Die Qualität der Prüfung hängt auch davon ab, inwieweit Kompetenzen valide operationalisiert werden. Die Entwicklung eines validen Instruments geschieht nicht von heute auf morgen und bedarf einer empirischen Überprüfung.

Die Umorientierung und Neuentwicklung stellt insgesamt einen langen Prozess dar, an dessen Anfang die Schulen gerade stehen. Im Modellprojekt war zu beobachten, dass einige Schulen die Umstellung etwas entzerren, indem sie bereits jetzt anfangen, die Prüfung in Teilen zu verändern, um erste Erfahrungen machen zu können. Zusätzlich ist es sicherlich angebracht, bei Prüfungen im Ausbildungsverlauf Erfahrungen zu sammeln, da jene für die Schüler in ihrer Bedeutung niedriger stehen. Auf diesem Wege ist es den Lehrkräften auch leichter möglich, Routine in der Konzipierung und Durchführung neuer Prüfungsinstrumente zu entwickeln.

In den Diskussionen innerhalb des Modellprojekts wurden immer wieder Bedenken laut, wie die jeweiligen regionalen Prüfungsbehörden auf neue Prüfungsmethoden reagieren werden. Vor allem wenn bei diesen Methoden die Zuordnung der Aufgaben zu den einzelnen Fächern weniger eindeutig ist. Jedoch ist es auch als positiv zu berichten, dass es Behörden gibt, die von sich aus eine Umstellung in Richtung Kompetenzorientierung anstreben. Ende 2010 werden voraussichtlich die Vertreter der Ergotherapie-Modellschulen mit den Zuständigen des MGEPA NRW zusammen- kommen, um über die Gestaltung der Prüfung zu verhandeln. An dieser Stelle wird es spannend, wie viel Spielraum den Schulen eingeräumt wird und auch welche Vorgaben oder Hinweise vom MGEPA an die zuständigen regionalen Prüfungsbehörden ausgehen. Davon wird auch abhängen, in welchem Rahmen die Schulen kompetenzorientierte Prüfungsverfahren umsetzen können.

Kompetenzorientiertes Prüfen bietet neben allen Herausforderungen aber auch die Chance, sich auf neue Wege zu begeben und neue Schätze zu entdecken. In Bezug auf die Prüfungsvorbereitung der Schüler weicht das Auswendiglernen von Fakten, für die es nach dem Abschluss keine Verwertung mehr gibt, einem kontextgebundenen Lernen, durch welches man sich auf das Berufsleben besser vorbereitet fühlt. So kann sich für die Schüler eine andere Motivation und Stimmung in jener Phase ergeben. Auch die Sorge vor Versagen in der Reproduktion von Detailwissen kann durch das Erfassen einer ganzen Situation ersetzt werden, worin die Schüler sich im Idealfall über die ganze Ausbildungszeit hinweg geübt haben.

Das Prüfen von Kompetenzen bietet auch die Möglichkeit, im Ausbildungsverlauf mit den Schülern ihren jeweiligen Stand zu erörtern. Liegen formulierte Kompetenzstufen und Beurteilungskriterien vor, und wird mit diesen den Schülern gegenüber transparent umgegangen, so können Lernfortschritte deutlich werden und neue Ziele gesteckt werden.

Als Mitarbeiterin im Modellschulprojekt und potentielle Lehrkraft möchte ich mit einem persönlichen Ausblick schließen. Auch nach Ausarbeitung aller Theorie stelle ich mir die Umsetzung in die Praxis als schwierig und zeitaufwändig vor. Daher bin ich an den Erfahrungen der Schulen in der Entwicklung und Umsetzung kompetenzorientierter Prüfungsmethoden interessiert. Ich denke, wir Lehrkräfte sind trotz aller Reflexion sehr durch unsere eigene Schulsozialisation geprägt. So ist es nicht immer leicht, Wege zu gehen und Ideen zu entwickeln von etwas, was wir selbst nicht in der Praxis erlebt haben. Auch stellt sich die Frage, in welche Richtung unsere Schüler bereits geprägt sind und wie offen sie für neue Methoden sind. Aus eigener Lern- und Prüfungserfahrung während des Studiums heraus bewerte ich fallorientiertes Vorgehen als etwas sehr Positives und kann nur dazu ermutigen. In Bezug auf die weitere Entwicklung der EAR bin ich sehr gespannt, ob auch andere Ergotherapieschulen diese umsetzen werden, oder ob die Umsetzung gar verbindlich wird. Dazu finde ich es jedoch notwendig, die vom MGEPA geplante Evaluation des Modellprojekts abzuwarten. Vor allem aber bin ich gespannt, in den nächsten Jahren zu verfolgen, inwieweit von NRW ausgehend eine Veränderung auf Bundesebene, sprich Veränderungen der ErgThAPrV, zu beobachten sind. Das Aufnehmen des Kompetenzgedankens an dieser Stelle erachte ich für sehr sinnvoll.

9 Literaturverzeichnis

Aebli, H. (1994). *Zwölf Grundformen des Lehrens: Eine allgemeine Didaktik auf psychologischer Grundlage; Medien und Inhalte didaktischer Kommunikation; der Lernzyklus* (8. Aufl.). Stuttgart: Klett-Cotta.

Allendorf, O. (2002). *Lernerfolgsüberprüfung im Lernfeldkonzept mit Projektarbeit* (Werkstattbericht Heft 5). Soest: Landesinstitut für Schule [pdf]. Zugriff am 04.06.2010, von http://www.berufsbildung.schulministerium.nrw.de/cms/upload/_download/seluba/werkstattbericht5.pdf

Arbeitskreis Deutscher Qualifikationsrahmen [AK DQR] (2009). *Diskussionsvorschlag eines Deutschen Qualifikationsrahmens für lebenslanges Lernen* [Online]. Zugriff am 01.05.2010, von http://www.deutscherqualifikationsrahmen.de/SITEFORUM?i=1215181395066&t=/Default/gateway&xref=http%3A//www.google.de/search%3Fq%3Ddqr%26ie%3Dutf-8%26oe%3Dutf-8%26aq%3Dt%26rls%3Dorg.mozilla%3Ade%3Aofficial%26client%3Dfirefox-a.

Becker, G. E. (2007). *Unterricht auswerten und beurteilen: Handlungsorientierte Didaktik Teil III* (Neu ausgestattete Sonderausg.). Basis-Bibliothek. Weinheim, Basel: Beltz.

Bernhard. (2004). Microsoft Word - *Telesozial Handbuch* v3.0.doc [pdf] Zugriff am 31.03.2010, von http://www.telesozial.net/cms/uploads/media/Telesozial_Handbuch_v3.0.pdf

Bloom, B. S. (Hrsg.). (1976). *Taxonomie von Lernzielen im kognitiven Bereich* (5. Aufl.). Beltz Studienbuch. Weinheim: Beltz.

Bohl, T. (2001). *Prüfen und Bewerten im Offenen Unterricht. Studientexte für das Lehramt*: Bd. 11. Neuwied: Luchterhand.

Bonse-Rohmann, M., Hüntelmann, I. & Nauerth, A. (Hrsg.). (2008). *Kompetenzorientiert prüfen: Lern- und Leistungsüberprüfungen in der Pflegeausbildung* (1. Aufl.). München: Elsevier Urban & Fischer.

Depping, D. (2004). Pool von Prüfungsformen und Aufgabentypen. *Unterricht Pflege* (1), 12-19.

Depping, D. & Schneider, K. (2003). Klausuren: Fachkompetenz überprüfen und bewerten. *Unterricht Pflege* (5), 31-37.

Deutscher Industrie- und Handelskammertag e.V.(Hrsg.). (2007). *Musterprüfungsordnung für die Durchführung von Abschluss- und Umschulungsprüfungen.* [pdf] Zugriff am 01.05.2010, von http://www.dihk.de/inhalt/download/musterpruefungsordnung.pdf

Ebbinghaus, M. & Schmidt, J. U. (1999). *Prüfungsmethoden und Aufgabenarten* (1., unveränd. Nachdr.). Bielefeld: Bertelsmann Verlag.

Erpenbeck, J. & Rosenstiel, L. von (Hrsg.). (2007). *Handbuch Kompetenzmessung: Erkennen, verstehen und bewerten von Kompetenzen in der betrieblichen, pädagogischen und psychologischen Praxis* (2., überarb. und erw. Aufl.). Stuttgart: Schäffer-Poeschel.

Europäische Kommission: Generaldirektion Bildung und Kultur. (2007). *ECTS-Grundsätze.* [pdf] Zugriff am 07.04.2010, von http://ec.europa.eu/education/lifelong-learning-policy/doc/ects/key_de.pdf

Gage, N. L. & Berliner, D. C. (1996). *Pädagogische Psychologie* (5., vollst. überarb. Aufl.). Weinheim [u.a.]: Psychologie-Verlag-Union Beltz.

Hagedorn, R. (2000). *Ergotherapie - Theorien und Modelle: Die Praxis begründen.* Stuttgart: Thieme.

Holland, B. (2009). *Kompetenzprofil der ergotherapeutischen Ausbildung: Analyse der Empfehlenden Ausbildungsrichtlinie Ergotherapie in NRW.* Unveröffentlichte Masterarbeit, Fachhochschule Bielefeld.

Hundenborn, G. (2007). *Fallorientierte Didaktik in der Pflege: Grundlagen und Beispiele für Ausbildung und Prüfung.* München: Elsevier Urban & Fischer.

Hundenborn, G. & Kühn-Hempe, C. (2006). *Fächerintegratives und kompetenzorientiertes Prüfungsverfahren in der Altenpflegeausbildung.* Hrsg.: Ministerium für Arbeit, Gesundheit und Soziales des Landes Nordrhein-Westfalen [pdf]. Zugriff am 04.06.2010, von http://www.mags.nrw.de/08_PDF/003/altenpflegeausbildung-pruefungsverfahren.pdf

Ingenkamp, K. & Lissmann, U. (2005). *Lehrbuch der pädagogischen Diagnostik* (5., völlig überarb. Aufl.). UTB: Bd. 8317. Weinheim: Beltz.

Jungkunz, D. & Litz, A. (2005). Handlungsorientierte Berufsabschlussprüfung der Industrie- und Handleskammer - Analyse und Bewertung der ausgewählten Prüfungsform "Betriebliche Projektarbeit". In C. Neef & R. Verstege (Hrsg.), *Kernfragen beruflicher Handlungskompetenz. Ansätze zur Messbarkeit, Umsetzung und empirischen Analyse* (Hohenheimer Schriftenreihe zur Berufs- und Wirtschaftspädagogik, S. 35–62). Stuttgart: ibw Hohenheim.

Jürgens, E. & Sacher, W. (2008*). Leistungserziehung und pädagogische Diagnostik in der Schule: Grundlagen und Anregungen für die Praxis. Schulpädagogik.* Stuttgart: Kohlhammer.

Kaiser, A. (1985). *Sinn und Situation: Grundlinien einer Didaktik der Erwachsenenbildung.* Bad Heilbrunn/Obb.: Klinkhardt.

Kauffeld, S. (2006). *Kompetenzen messen, bewerten, entwickeln: Ein prozessanalytischer Ansatz für Gruppen. Betriebswirtschaftliche*

Abhandlungen: Bd. N.F., 128. Stuttgart: Schäffer-Poeschel (Univ., Habil.-Schr.-Kassel, 2005.).

Kaufhold, M. (2009). Rahmenbedingungen der Kompetenzerfassung. In U. Walkenhorst, A. Nauerth, I. Bergmann-Tyacke & K. Marzinzik (Hrsg.), *Kompetenzentwicklung im Gesundheits- und Sozialbereich* (Hochschulwesen, Wissenschaft und Praxis, S. 91–100). Bielefeld: Univ.-Verlag. Webler.

Klemme, B., Geuter, G. & Siegmann, G. (2005). Die situationsbezogene Legitimation von Inhalten der Physiotherapieausbildung. *Krankengymnastik. Zeitschrift für Physiotherapeuten., Beiträge zu Unterricht und Ausbildung*, 57 (12), 95-104.

Klemme, B. & Siegmann, G. (2006). *Clinical Reasoning: Therapeutische Denkprozesse lernen*. Stuttgart: Thieme.

Knigge-Demal, B. & Eylmann, C. (2006). *Kompetenzorientierte Prüfungsgestaltung Teil 1 – Anhand von Fallbeispielen* - (Berichte aus Lehre und Forschung Nr. 18). Bielefeld: Fachhochschule.

Kultusministerkonferenz. Referat Berufliche Bildung und Weiterbildung [KMK] (Hrsg.). (2007). *Handreichung für die Erarbeitung von Rahmenlehrplänen der Kultusministerkonferenz für den berufsbezogenen Unterricht in der Berufsschule und ihre Abstimmung mit Ausbildungsordnungen des Bundes für anerkannte Ausbildungsberufe* [pdf]. Zugriff am 04.06.2010, von http://www.kmk.org/fileadmin/veroeffentlichungen_beschluesse/2007/2007_09_01-Handreich-Rlpl-Berufsschule.pdf

Landesinstitut für Schule und Weiterbildung Soest. (1999). *QUIND-Info* [pdf]. Verfügbar unter: http://www.berufsbildung.schulministerium.nrw.de/cms/upload/quind/quindk.pdf [Abruf: 8.4.2010].

Landesinstitut für Lehrerfortbildung, Lehrerweiterbildung und Unterrichtsforschung von Sachsen-Anhalt (Hrsg.). (2002). *Lernfelder in der Schule gestalten* [pdf]. Zugriff am 19.03.2010, von http://www.bildung-lsa.de/archiv/seluba/dokum/ergebmvs.pdf

Lienert, G. A. & Raatz, U. (1998). *Testaufbau und Testanalyse* (6. Aufl., Studienausg.). Weinheim: Beltz Psychologie-Verlag-Union.

Mietzel, G. (2007). *Pädagogische Psychologie des Lernens und Lehrens* (8., überarb. und erw. Aufl.). Lehrbuch. Göttingen: Hogrefe.

Ministerium für Arbeit, Gesundheit und Soziales des Landes Nordrhein-Westfalen [MAGS]. (2007). *Empfehlende Ausbildungsrichtlinie für die staatlich anerkannten Ergotherapieschulen in NRW* [pdf]. Zugriff am 04.06.2010, von http://www.mags.nrw.de/08_PDF/002/Ergotherapieausbildung.pdf

Mohr, P. (2008). Klausur zum Thema „Alte Menschen". In M. Bonse-Rohmann, I. Hüntelmann & A. Nauerth (Hrsg.), *Kompetenzorientiert prüfen. Lern- und Leistungsüberprüfungen in der Pflegeausbildung.* 1. Aufl. (S. 135-150). München: Elsevier Urban & Fischer.

Ott, B. (2007). *Grundlagen des beruflichen Lernens und Lehrens: Ganzheitliches Lernen in der beruflichen Bildung* (3., überarb. und erw. Aufl.). Berlin: Cornelsen.

Pätzold, G. (2006). Berufliche Handlungskompetenz. In F.-J. Kaiser & G. Pätzold (Hrsg.), *Wörterbuch Berufs- und Wirtschaftspädagogik* (S. 72-74). Bad Heilbrunn: Julius Klinkhardt.

Paradies, L., Wester, F. & Greving, J. (2007). *Leistungsmessung und –bewertung.* Berlin: Cornelsen Scriptor

Rapp, G. (1975). *Messung und Evaluierung von Lernergebnissen in der Schule.* Bad Heilbrunn/Obb.: Klinkhardt.

Raps, W. (2005). *Gesetz über den Beruf der Ergotherapeutin und des Ergotherapeuten und Ausbildungs- und Prüfungsverordnung. Kommentar.* (12. Aufl.). Remagen: Reha-Verlag.

Reetz, L. (2006). Kompetenz. In F.-J. Kaiser & G. Pätzold (Hrsg.), *Wörterbuch Berufs- und Wirtschaftspädagogik* (S. 305-307). Bad Heilbrunn: Julius Klinkhardt.

Rheinberg, F. (2001). Bezugsnormen und schulische Leistungsbeurteilung. In F. Emanuel Weinert (Hrsg.), *Leistungsmessungen in Schulen* (S. 59–72). Weinheim: Beltz.

Richter, H. (2002). *Lernerfolgsüberprüfung im Lernfeldkonzept* (Werkstattbericht Heft 3) [pdf]. Soest: Landesinstitut für Schule. Zugriff am 04.06.2010, von http://www.berufsbildung.schulministerium.nrw.de/cms/upload/_download/seluba/werkstattbericht3.pdf

Sacher, W. (2004). *Leistungen entwickeln, überprüfen und beurteilen: Bewährte und neue Wege für die Primar- und Sekundarstufe* (4., überarb. und erw. Aufl.). Bad Heilbrunn/Obb.: Klinkhardt.

Schewior-Popp, S. (1998). *Handlungsorientiertes Lehren und Lernen in Pflege- und Rehabilitationsberufen.* Stuttgart: Thieme.

Schneider, K. (2003). Beurteilung und Bewertung: ein Spannungsbogen zwischen fördern und fordern - Teil 1. *Unterricht Pflege* (5), 4-16.

Schneider, K. (2004). Strukturlegeplan. *Unterricht Pflege* (1), 34-37.

Schwarz-Govaers, R. (2006). Lernfeld- und Problemorientiert prüfen - Prüfungen in einem lernfeld- und problemorientierten Curriculum. *PrInterNet* (12), 655-664.

Simon, M. (2005). Leistungsmessung und -bewertung im handlungsorientierten Unterricht an kaufmännischen Schulen. In C. Neef & R. Verstege (Hrsg.), *Kernfragen beruflicher Handlungskompetenz. Ansätze zur Messbarkeit, Umsetzung und empirischen Analyse* (Hohenheimer Schriftenreihe zur Berufs- und Wirtschaftspädagogik, S. 7–34). Stuttgart: ibw Hohenheim.

Spöttl, G. & Musekamp, F. (2009). Berufsstrukturen und Messen beruflicher Kompetenz. *Berufsbildung* (119), 20-23.

Thobe, M. (2008). PEQ (Process oriented Essay Question Test) zum Thema "Schwangere und Wöchnerinnen pflegen". In M. Bonse-Rohmann, I. Hüntelmann & A. Nauerth (Hrsg.), *Kompetenzorientiert prüfen. Lern- und Leistungsüberprüfungen in der Pflegeausbildung*. 1. Aufl. (S. 75–81). München: Elsevier Urban & Fischer.

Walkenhorst, U. & Becker, H. (Hrsg.). (2009). *Fallbuch Ergotherapie in der Pädiatrie*. Stuttgart: Thieme.

Walkenhorst, U. & Stüve, B. (2004). Qualifikationsanforderungen an die Ergotherapie. In M. Miesen (Hrsg.), *Berufsprofil Ergotherapie 2004*. 1. Aufl. (S. 201–215). Idstein: Schulz-Kirchner.

10 Rechtsquellenverzeichnis

Ergotherapeuten-Ausbildungs- und Prüfungsverordnung (ErgThAPrV) vom 2. August 1999. In: Bundesgesetzblatt, Teil I, S. 1731. [Online] Zugriff am 16.04.2010, von http://www.gesetze-im-internet.de/bundesrecht/ergthaprv/gesamt.pdf

Ergotherapeutengesetz vom 25. Mai 1976. In Bundesgesetzblatt, Teil I, S. 1246. [Online]. Zugriff am 16.04.2010, von http://www.gesetze-im-internet.de/bearbthg/index.html.

11 Anhang

11.1.1 Zuordnung Fächer ErgThAPrV – Lerneinheiten EAR

Tabelle 7: Zuordnung Fächer - Lerneinheiten Prüfungsteil 1

Fach	Lerneinheit
Allgemeine Krankheitslehre	I.1 Funktionale Gesundheit als Ziel therapeutischer Maßnahmen verstehen und begründen
	II.1Strukturelle und funktionelle Grundlagen des menschlichen Körpers und des Bewegungsapparates kennen und analysieren
Spezielle Krankheitslehre einschließlich diagnostischer, therapeutischer, präventiver und rehabilitativer Maßnahmen sowie psychosozialer Aspekte	II.2 Typische motorisch-funktionelle Erkrankungen/Störungsbilder und deren Therapie kennen
	II.6 Typische sensomotorische und kognitive Erkrankungen/Störungsbilder und deren Therapie kennen
	II.9 Grundlagen der psychischen und sozioemotionalen Funktionen und Erkrankungen kennen und analysieren
	II.10 Typische psychische und sozioemotionale Erkrankungen und Störungsbilder und deren Therapie kennen
	II.13 Kindliche Normal- und Spielentwicklung verstehen
	II.14 Typische Lebensumwelten und Tätigkeiten von Kindern/Jugendlichen und deren Anforderungen analysieren
	II.15 Tätigkeitsorientierte Befunderhebung durchführen und therapeutische Maßnahmen für typische Störungsbilder von Kindern und Jugendlichen entwickeln
	II.21 Erkrankungen im Alter und ihre Auswirkungen auf menschliche Aufgaben und Tätigkeiten kennen und berücksichtigen
	II.23 Befunderhebung, Maßnahmenplanung und Interventionen mit älteren Klienten aus kommunalen und institutionellen Umfeldern durchführen
	III.1 Kinder und Jugendliche
	III.2 Erwachsene und Erwachsene in höherem Lebensalter
Grundlagen der Arbeitsmedizin	I.20 Lebensbereich Produktivität analysieren und gestalten
	II.17 Wohnumfeld- und Arbeitsplatzanalysen durchführen
	III.10 Das deutsche Sozial- und Gesundheitssystem

Tabelle 8: Zuordnung Fächer - Lerneinheiten Prüfungsteil 2

Fach	Lerneinheit[17]
Psychologie & Pädagogik	I.11 Gesprächssituationen analysieren, bewerten und gestalten
	I.13 Therapeutische Beziehungen mit einzelnen und Gruppen gestalten
	II.5 Strukturelle und funktionelle Grundlagen sensomotorischer und höherer kognitiver Funktionen kennen und analysieren
	II.9 Grundlagen der psychischen und sozioemotionalen Funktionen und Erkrankungen kennen und analysieren
	II.13 Kindliche Normal- und Spielentwicklung verstehen
	II.15 Tätigkeitsorientierte Befunderhebung durchführen und therapeutische Maßnahmen für typische Störungsbilder von Kindern und Jugendlichen entwickeln
	II.16 Bedeutung und Formen von Arbeit und Erwerbstätigkeit kennen und verstehen
	III.1 Kinder und Jugendliche
	III.3 Menschen mit Behinderungen und chronischen Erkrankungen
	IV.2 Lernen und Lerntechniken
	IV.3 Soziales Lernen
	IV.12 Macht und Hierarchie
	IV.13 Gewalt
	IV.14 Sexuelle Belästigung
	IV.15 Helfen und hilflos sein
	IV.16 Ekel und Scham
Behindertenpädagogik	II.14 Typische Lebensumwelten und Tätigkeiten von Kindern/Jugendlichen und deren Anforderungen analysieren
	II.15 Tätigkeitsorientierte Befunderhebung durchführen und therapeutische Maßnahmen für typische Störungsbilder von Kindern und Jugendlichen entwickeln
	III.1 Kinder und Jugendliche
	III.3 Menschen mit Behinderungen und chronischen Erkrankungen
	IV.14 Sexuelle Belästigung
	IV.15 Helfen und hilflos sein
Berufs-, Gesetzes- und Staatskunde	III.9 Institutionen des Gesundheitswesens
	III.10 Das deutsche Sozial- und Gesundheitssystem
	III.11 Der freiheitlich-demokratische Rechtsstaat
	III.13 Wirtschaftliche Rahmenbedingungen
	IV.1 Rechtliche Regelungen der Ausbildung
	IV.7 Geschichte und Entwicklung des Berufsbildes
	IV.8 Ergotherapie als Wissenschaft

[17] Lerneinheiten, die in einem Prüfungsteil mehr als einmal vorkommen, werden ab dem 2. Mal in kursiver Schrift dargestellt.

	IV.9 Ethische Anforderungen an Angehörige therapeutischer Berufe
	IV.10 Qualitätssicherung in der Ergotherapie
	IV.11 Arbeitsrechtliche Grundlagen für Angehörige therapeutischer Berufe
	IV.13 Gewalt
	IV.14 Sexuelle Belästigung
	IV.15 Helfen und hilflos sein

Tabelle 9: Zuordnung Fächer - Lerneinheiten Prüfungsteil 3

Fach	Lerneinheit[18]
Motorisch-funktionelle Behandlungsverfahren	I.4 Prinzipien der ergotherapeutischen Befunderhebung von Tätigkeiten kennen und anwenden
	I.5 Den differenzierten ergotherapeutischen Befund erheben
	I.9 Ergotherapeutische Interventionsplanung durchführen und evaluieren
	I.10 Klinische Entscheidungs- und Beurteilungsprozesse durchführen und reflektieren
	II.3 Funktionsorientierte Befunderhebung bei somatischen und motorisch-funktionellen Störungen durchführen
	II.4 Funktionsorientierte Therapieformen für motorisch-funktionelle Störungen kennen und anwenden
Neurophysiologische Behandlungsverfahren	*I.4 Prinzipien der ergotherapeutischen Befunderhebung von Tätigkeiten kennen und anwenden*
	I.5 Den differenzierten ergotherapeutischen Befund erheben
	I.9 Ergotherapeutische Interventionsplanung durchführen und evaluieren
	I.10 Klinische Entscheidungs- und Beurteilungsprozesse durchführen und reflektieren
	II.7 Funktionsorientierte Befunderhebung bei sensomotorischen und kognitiven Störungen durchführen
	II.8 Funktionsorientierte Therapieformen bei sensomotorischen und kognitiven Störungen kennen und anwenden
	II.13 Kindliche Normal- und Spielentwicklung verstehen
Neuropsychologische Behandlungsverfahren	*I.4 Prinzipien der ergotherapeutischen Befunderhebung von Tätigkeiten kennen und anwenden*
	I.5 Den differenzierten ergotherapeutischen Befund erheben
	I.9 Ergotherapeutische Interventionsplanung durchführen und evaluieren
	I.10 Klinische Entscheidungs- und Beurteilungsprozesse durchführen und reflektieren
	II.7 Funktionsorientierte Befunderhebung bei sensomotorischen und kognitiven Störungen durchführen
	II.8 Funktionsorientierte Therapieformen bei sensomotorischen und kognitiven Störungen kennen und anwenden
Psychosoziale Behandlungsverfahren	*I.4 Prinzipien der ergotherapeutischen Befunderhebung von Tätigkeiten kennen und anwenden*
	I.5 Den differenzierten ergotherapeutischen Befund erheben
	I.9 Ergotherapeutische Interventionsplanung durchführen und evaluieren
	I.10 Klinische Entscheidungs- und Beurteilungsprozesse durchführen und reflektieren
	II.9 Grundlagen der psychischen und sozioemotionalen Funktionen und Erkrankungen kennen und analysieren
	II.11 Funktionsorientierte Befunderhebung bei psychischen und sozioemotionalen Erkrankungen durchführen

[18] Lerneinheiten, die in einem Prüfungsteil mehr als einmal vorkommen, werden ab dem 2. Mal in kursiver Schrift dargestellt.

	II.12 Ergotherapieformen bei psychischen und sozioemotionalen Störungen kennen und anwenden
Arbeitstherapeutische Verfahren	*I.4 Prinzipien der ergotherapeutischen Befunderhebung von Tätigkeiten kennen und anwenden*
	I.5 Den differenzierten ergotherapeutischen Befund erheben
	I.9 Ergotherapeutische Interventionsplanung durchführen und evaluieren
	I.10 Klinische Entscheidungs- und Beurteilungsprozesse durchführen und reflektieren
	I.16 Menschliche Aktivitäten/Betätigungen in den Lebensbereichen Selbstversorgung, Produktivität und Freizeit analysieren
	I.20 Lebensbereich Produktivität analysieren und gestalten
	II.12 Ergotherapieformen bei psychischen und sozioemotionalen Störungen kennen und anwenden
	II.16 Bedeutung und Formen von Arbeit und Erwerbstätigkeit kennen und verstehen
	II.18 Arbeitsbezogene Kompetenzen diagnostizieren und fördern
	II.19 Diagnostik und Entwicklung von tätigkeitsorientierten Maßnahmen bei Einschränkungen der Aktivitäten des täglichen Lebens und der Haushaltsführung

11.1.2 Übersichten zur Herausbildung der thematischen Schwerpunkte der drei Prüfungsteile

Tabelle 10: Schwerpunktbildung Prüfungsteil 1

Teilbereich EAR	Lerneinheit	Stunden /Gesamtstunden[19]	Aus der Zielbeschreibung[20]
Gegenstandsbereich und Grundannahmen der Ergotherapie verstehen	I.1 Funktionale Gesundheit als Ziel therapeutischer Maßnahmen verstehen und begründen	10 / 15	Gesundheitsmodell
Ergotherapeutische Mittel und Methoden anwenden	I.20 Lebensbereich Produktivität analysieren und gestalten	5 / 255	
Funktionsorientierte Befunderhebung und Therapie durchführen	II.1Strukturelle und funktionelle Grundlagen des menschlichen Körpers und des Bewegungsapparates kennen und analysieren	20 / 110	
	II.2 Typische motorisch-funktionelle Erkrankungen/Störungsbilder und deren Therapie kennen	64 / 70	
Befunderhebung und Therapie bei neurophysiologischen und neuropsychologischen Erkrankungen durchführen	II.6 Typische sensomotorische und kognitive Erkrankungen/Störungsbilder und deren Therapie kennen	64 / 70	
Befunderhebung und Therapie bei psychischen und sozioemotionalen Erkrankungen durchführen	II.9 Grundlagen der psychischen und sozioemotionalen Funktionen und Erkrankungen kennen und analysieren	30 / 100	
	II.10 Typische psychische und sozioemotionale Erkrankungen und Störungsbilder und deren Therapie kennen	62 / 100	

[19] Die zu berücksichtigenden Stunden sind teilweise eine Summe, wenn Anteile der Lerneinheit zweimal in diesem Prüfungsabschnitt auftauchen. Die Gesamtstundenzahl bezieht sich auf die komplette Lerneinheit.

[20] Sollen die Titel der Lerneinheiten ergänzen, erklären, verdeutlichen.

Handlungsfähigkeit von Kindern und Jugendlichen aufbauen und erhalten - Schwerpunkt Spiel, kindliche Entwicklung und Bildung	II.13 Kindliche Normal- und Spielentwicklung verstehen	14 / 46	Sensomoto, kogn., psychosoz, Sprache.; Sozialisationsbedingungen; Lebensbereiche und ihre Anforderungen
	II.14 Typische Lebensumwelten und Tätigkeiten von Kindern/Jugendlichen und deren Anforderungen analysieren	10 / 25	Einfluss der Lebenswelten auf die Tätigkeiten
	II.15 Tätigkeitsorientierte Befunderhebung durchführen und therapeutische Maßnahmen für typische Störungsbilder von Kindern und Jugendlichen entwickeln	25 / 60	Und Maßnahmen durchführen
Handlungsfähigkeit von Menschen im Erwachsenenalter aufbauen und erhalten - Schwerpunkt Berufstätigkeit und häusliche Lebensumwelten	II.17 Wohnumfeld- und Arbeitsplatzanalysen durchführen	15 / 30	
Handlungsfähigkeit von Menschen im höheren Lebensalter erhalten und fördern - Schwerpunkt Ruhestand und Auswirkungen alterstypischer Funktionseinschränkungen auf menschliche Tätigkeiten	II.21 Erkrankungen im Alter und ihre Auswirkungen auf menschliche Aufgaben und Tätigkeiten kennen und berücksichtigen	25 / 25	
	II.23 Befunderhebung, Maßnahmenplanung und Interventionen mit älteren Klienten aus kommunalen und institutionellen Umfeldern durchführen	10 / 30	
Zielgruppen ergotherapeutischer Maßnahmen	III.1 Kinder und Jugendliche	2 / 10	Rollen, Lebensbereiche, Partizipationsmöglichkeiten
	III.2 Erwachsene und Erwachsene in höherem Lebensalter	4 / 10	Rollen, Lebensbereiche
Institutionen und Rahmenbedingungen ergotherapeutischer Arbeit	III.10 Das deutsche Sozial- und Gesundheitssystem	10 / 16	

Tabelle 11: Schwerpunktbildung Prüfungsteil 2

Teilbereich EAR	Lerneinheit	Stunden /Gesamt-stunden [21]	Aus der Zielbeschreibung[22]
Kommunikations- und Interaktionsprozesse verstehen und gestalten	I.11 Gesprächssituationen analysieren, bewerten und gestalten	25 / 25	und Theorie auf praktische ET übertragen
	I.13 Therapeutische Beziehungen mit einzelnen und Gruppen gestalten	25 /25	Kommunikationsgrundlagen anwenden, Störungen in der therap. Beziehung analysieren, Interventionsstrategien, Bedeutung des Erstkontakts
Befunderhebung und Therapie bei neuropsychologischen und neurophysiologischen Erkrankungen durchführen	II.5 Strukturelle und funktionelle Grundlagen sensomotorischer und höherer kognitiver Funktionen kennen und analysieren	30 / 120	Med. und neurowissenschaftl. GLwissen, Beh.prinzipien (neurophys/neuropsych) verstehen, damit Verhaltens- und Bewegungsmuster analysieren
Befunderhebung und Therapie bei psychischen und sozioemotionalen Erkrankungen durchführen	II.9 Grundlagen der psychischen und sozioemotionalen Funktionen und Erkrankungen kennen und analysieren	60 / 100	Med, psycholog, psychiatr. GLwissen; Prinzipien der psych und sozemot. Beh. Verstehen und zur Analyse von Verhaltensmustern nutzen

[21] Die zu berücksichtigenden Stunden sind teilweise eine Summe, wenn Anteile der Lerneinheit zweimal in diesem Prüfungsabschnitt auftauchen. Die Gesamtstundenzahl bezieht sich auf die komplette Lerneinheit.

[22] Sollen die Titel der Lerneinheiten ergänzen, erklären, verdeutlichen.

Handlungsfähigkeit von Kindern und Jugendlichen aufbauen und erhalten - Schwerpunkt Spiel, kindliche Entwicklung und Bildung	II.13 Kindliche Normal- und Spielentwicklung verstehen	12 / 46	Sensomoto, kogn., psychosoz, Sprache.; Sozialisationsbedingungen; Lebensbereiche und ihre Anforderungen
	II.14 Typische Lebensumwelten und Tätigkeiten von Kindern/Jugendlichen und deren Anforderungen analysieren	15 / 25	Einfluss der Lebenswelten auf die Tätigkeiten
	II.15 Tätigkeitsorientierte Befunderhebung durchführen und therapeutische Maßnahmen für typische Störungsbilder von Kindern und Jugendlichen entwickeln	35 / 60	Und Maßnahmen durchführen
Handlungsfähigkeit von Menschen im Erwachsenenalter aufbauen und erhalten - Schwerpunkt Berufstätigkeit und häusliche Lebensumwelten	II.16 Bedeutung und Formen von Arbeit und Erwerbstätigkeit kennen und verstehen	10 / 30	
Zielgruppen ergotherapeutischer Maßnahmen	III.1 Kinder und Jugendliche	8 / 10	Rollen, Lebensbereiche, Partizipationsmöglichkeiten
	III.3 Menschen mit Behinderungen und chronischen Erkrankungen	25 / 25	Rolle, spezifische Lebenssituation, Ressourcen / Hemmfaktoren der Teilhabe am gesellschaftlichen Leben
Institutionen und Rahmenbedingungen ergotherapeutischer Arbeit	III.9 Institutionen des Gesundheitswesens	2 / 12	Strukturelle, finanzielle, organisatorische Gegebenheiten; ET aus übergeordneter Perspektive; Selbsthilfeorganisationen
	III.10 Das deutsche Sozial- und Gesundheitssystem	4 / 16	Begriffe, Strukturen, Gliederung der Leistungsarten

	III.11 Der freiheitlich-demokratische Rechtsstaat	5 / 5	Lebensgestaltung in unserem Staat; politisches Bewusstsein
	III.13 Wirtschaftliche Rahmenbedingungen	4 / 4	Zusammenhang betriebswirtschaftl. Rahmenbedingungen und therap. Handeln, Entgeltsysteme und Leistungserfassung
Die Schülerinnen und Schüler als Lernende bzw. Auszubildende	IV.1 Rechtliche Regelungen der Ausbildung	4 / 4	
	IV.2 Lernen und Lerntechniken	12 / 12	
	IV.3 Soziales Lernen	8 / 8	Reflektion eigener Erfahrungen und Theorien zu dem Thema
Die Schülerinnen und Schüler als Berufsangehörige der Ergotherapie	IV.7 Geschichte und Entwicklung des Berufsbildes	8 / 18	
	IV.8 Ergotherapie als Wissenschaft	4 / 24	
	IV.9 Ethische Anforderungen an Angehörige therapeutischer Berufe	4 / 5	
	IV.10 Qualitätssicherung in der Ergotherapie	2 / 11	
	IV.11 Arbeitsrechtliche Grundlagen für Angehörige therapeutischer Berufe	5 / 5	
Die Schülerinnen und Schüler in schwierigen sozialen Situationen	IV.12 Macht und Hierarchie	10 / 12	
	IV.13 Gewalt	12 / 14	
	IV.14 Sexuelle Belästigung	10 / 10	
	IV.15 Helfen und hilflos sein	6 / 10	
	IV.16 Ekel und Scham	6 / 10	

Tabelle 12: Schwerpunktbildung Prüfungsteil 3

Teilbereich EAR	Lerneinheit	Stunden /Gesamt-stunden[23]	Aus der Zielbeschreibung[24]
Den ergotherapeutischen Prozess planen, gestalten und dokumentieren	I.4 Prinzipien der ergotherapeutischen Befunderhebung von Tätigkeiten kennen und anwenden	10 / 10	
	I.5 Den differenzierten ergotherapeutischen Befund erheben	15 / 15	
	I.9 Ergotherapeutische Interventionsplanung durchführen und evaluieren	15 / 15	
	I.10 Klinische Entscheidungs- und Beurteilungsprozesse durchführen und reflektieren	20 / 20	
Ergotherapeutische Mittel und Methoden auswählen	I.16 Menschliche Aktivitäten/Betätigungen in den Lebensbereichen Selbstversorgung, Produktivität und Freizeit analysieren	14 / 24	
	I.20 Lebensbereich Produktivität analysieren und gestalten	30 / 255	
Funktionsorientierte Befunderhebung und Therapie durchführen	II.3 Funktionsorientierte Befunderhebung bei somatischen und motorisch-funktionellen Störungen durchführen	50 / 50	
	II.4 Funktionsorientierte Therapieformen für motorisch-funktionelle Störungen kennen und anwenden	40 / 40	
Befund und Therapie bei neurophysiologischen und neuropsychologischen Erkrankungen	II.7 Funktionsorientierte Befunderhebung bei sensomotorischen und kognitiven Störungen durchführen	90 / 90	

[23] Die zu berücksichtigenden Stunden sind teilweise eine Summe, wenn Anteile der Lerneinheit zweimal in diesem Prüfungsabschnitt auftauchen. Die Gesamtstundenzahl bezieht sich auf die komplette Lerneinheit.
[24] Sollen die Titel der Lerneinheiten ergänzen, erklären, verdeutlichen.

durchführen	II.8 Funktionsorientierte Therapieformen bei sensomotorischen und kognitiven Störungen kennen und anwenden	70 / 70	
Befund und Therapie bei psychischen und sozioemotionalen Erkrankungen durchführen	II.9 Grundlagen der psychischen und sozioemotionalen Funktionen und Erkrankungen kennen und analysieren	10 / 100	
	II.11 Funktionsorientierte Befunderhebung bei psychischen und sozioemotionalen Erkrankungen durchführen	50 / 50	
	II.12 Ergotherapieformen bei psychischen und sozioemotionalen Störungen kennen und anwenden	60 / 60	
Handlungsfähigkeit von Kindern und Jugendlichen aufbauen und erhalten - Schwerpunkt Spiel, kindliche Entwicklung und Bildung	II.13 Kindliche Normal- und Spielentwicklung verstehen	20 / 46	
Handlungsfähigkeit von Menschen im Erwachsenenalter aufbauen und erhalten - Schwerpunkt Berufstätigkeit und häusliche Lebensumwelten	II.16 Bedeutung und Formen von Arbeit und Erwerbstätigkeit kennen und verstehen	20 / 30	
	II.18 Arbeitsbezogene Kompetenzen diagnostizieren und fördern	50 / 50	
	II.19 Diagnostik und Entwicklung von tätigkeitsorientierten Maßnahmen bei Einschränkungen der Aktivitäten des täglichen Lebens und der Haushaltsführung	10 / 20	

Tabelle 13: Berufliche Situation Prüfungsteil 1

Konstitutive Merkmale einer therapeutischen Situation	Beispiel	Schwerpunkte des Prüfungsteils	Die Ergotherapeutin hat hier folgende Überlegungen anzustellen:
objektiver und subjektiver Therapieanlass	Hüftfraktur nach Sturz, operativ versorgt, Entlassung nach Hause Nebendiagnosen: Diabetes mellitus, Demenz, Hypertonus	• Krankheitsbilder und Therapie • Analyse hinsichtlich struktureller, funktioneller, psychischer und sozioemotionaler Grundlagen	Welche Symptome können auftreten? Wie kann der Verlauf aussehen? Wie ist operativ versorgt worden, welche Konsequenzen für Behandlung? Welche Strukturen und Funktionen sind betroffen?
subjektives Erleben und Verarbeiten des Klienten	Abhängigkeit, verringerte Mobilität, Angst vor erneutem Sturz, Umgang mit Krankheit/Gesundheit	• Analyse hinsichtlich struktureller, funktioneller, psychischer und sozioemotionaler Grundlagen • Gesundheitsmodell	Wie ist die psychische und emotionale Verfassung der Klientin?
Interaktionsstrukturen	Therapeut - Klientin; Therapeut - Kollegen; anleiten, schulen		
Therapeutische Prozesse (Handlungsmuster)	Befund, Behandlung, präventiver Hausbesuch	• Analyse hinsichtlich struktureller, funktioneller, psychischer und sozioemotionaler Grundlagen • Handlungsfähigkeit von älteren Menschen (Auswirkungen von Alterserkrankungen; Befund, Planung, Intervention) • Wohnumfeld- und Arbeitsplatzanalysen	Wo im Alltag (Bereiche Selbstversorgung und Freizeit) der Klientin können Probleme auf Grund der Diagnose und der Nebendiagnosen auftreten? Wo könnten Ressourcen liegen? Wie sieht die Wohnsituation aus? (Hausbesuch, Sturzprophylaxe)
Tätigkeitsfeld	Geriatrische Rehabilitationsklinik		
Gesellschaftssystem	Finanzierung (Behandlung, Hausbesuch, bauliche Veränderungen), familiäre Situation der Klientin	• Gesundheitssystem	Wie kann ein Hausbesuch finanziert werden? Wie können Hilfsmittel und bauliche Veränderungen finanziert werden?

Tabelle 14: DQR Niveaustufe 5 (AK DQR, 2009, S. 10)

Niveau 5			
Über Kompetenzen zur selbstständigen Planung und Bearbeitung umfassender fachlicher Aufgabenstellungen in einem komplexen, spezialisierten, sich verändernden Lernbereich oder beruflichen Tätigkeitsfeld verfügen.			
Fachkompetenz		**Personale Kompetenz**	
Wissen	**Fertigkeiten**	**Sozialkompetenz**	**Selbstkompetenz**
Über integriertes Fachwissen in einem Lernbereich oder integriertes berufliches Wissen in einem Tätigkeitsfeld verfügen. Das schließt auch vertieftes fachtheoretisches Wissen ein. Umfang und Grenzen des Lernbereichs oder beruflichen Tätigkeitsfelds kennen.	Über ein sehr breites Spektrum spezialisierter kognitiver und praktischer Fertigkeiten verfügen. Arbeitsprozesse übergreifend planen und sie unter umfassender Einbeziehung von Handlungsalternativen und Wechselwirkungen mit benachbarten Bereichen beurteilen. Umfassende Transferleistungen erbringen.	Arbeitsprozesse kooperativ, auch in heterogenen Gruppen, planen und gestalten, andere anleiten und mit fundierter Lernberatung unterstützen. Auch fachübergreifend komplexe Sachverhalte strukturiert, zielgerichtet und adressatenbezogen darstellen.	Eigene und fremd gesetzte Lern- und Arbeitsziele reflektieren, bewerten, selbstgesteuert verfolgen und verantworten sowie Konsequenzen für die Arbeitsprozesse im Team ziehen.

Tabelle 15: Gütekriterien nach Richter mit EAR Erweiterung

Güte-kriteri-um nach Richter (2002)	Oberpunkte der Items (Richter)	Beurteilungsitem (Richter)	Zusatz aus der EAR
Zielgerichtetheit	Konzentration auf das Wesentliche	Konkrete Vorstellung über Zielzustand	
		Nicht relevantes zurückdrängen	
	Vorhandensein von Handlungsregulation	Internes Probehandeln vor der Realisation (hypothesengeleitet)	
		Ordnung der Schritte	
	Ziel-Resultat-Vergleich	Orientierungsphase vorhanden	
		Resultat-Ziel-Vergleich: Bewertung und Korrektur	
Gegenstandbezug	Fachliche Richtigkeit	Einhaltung fachlicher Normen und Methoden	
		Wissen und Strategien werden effektiv angewendet	
		Aufgabenbezogene, sachliche Gesprächsbeiträge	
		Einsatz von adäquaten Arbeitsmitteln	
	Fehlerkorrektur im Handlungsverlauf	Lerngegenstand wird zielorientiert verändert	
		Klare, präzise und verständliche Beschreibung der Lernhandlungsschritte	
Soziale Eingebundenheit	Gemeinsame Ziele der Gruppe	Beitrag zum Wissensfortschritt der Gruppe bzw. Klasse	Gedanken und Beobachtungen präzise mündlich und schriftlich wiederzugeben
	Konkrete Festlegung des (gemeinsamen) Arbeitsprogramms	Differenzierte Vorstellungen über die Rahmenbedingungen der Interaktion und Kooperation	

Soziale Eingebundenheit	Eigenständige Aufgabenverteilung innerhalb der Gruppe	Heranziehen der Kollegen/ Mitschüler für die eigene Problemlösung bzw. umgekehrt, sich von anderen für deren Problemlösung heranziehen lassen	
	Eigenständige Behebung von Störungen im Gruppenprozess	Verbessern der sozialen Arbeits- und Problemlösesituation	Konfliktfähigkeit
		Förderung der Integration von Gruppenneulingen	
	Hilfestellung bei Schwierigkeiten anderer Gruppenmitglieder	Gegenseitige Hilfe und soziale Unterstützung in schwierigen Situationen	
			Beziehungen zu anderen Menschen aufbauen, halten, beenden
			Perspektivwechsel (die Welt des Klienten bzw. aus seinem Blickwinkel zu sehen)
			Gespräche gezielt zu initiieren, zu leiten und zu beenden
Selbstständigkeit	Keine unnötige äußere Hilfe	Übernommene Aufgabe wird flexibel und subjektiv interpretiert	
		Durchführung der Handlungen benötigen keine über die Moderation hinausgehenden Hilfen	
	Eigenständige Informationserweiterung	Informationen werden eigenständig erweitert	
	Systematische Dokumentation	Systematische Dokumentation von Erfahrungen, Problemen und offenen Fragen in Bezug zum eigenen Lernverhalten ist erkennbar	
	Vernetzung des Wissens	Es zeigen sich Vernetzung und In-Beziehung-setzen von neuem Wissen und bereits Beherrschtem	

Selbstständigkeit	Vernetzung des Wissens	Selbständiges Suchen nach Zusammenhängen und weitergehenden Fragestellungen sind erkennbar	
Selbstreflexion	Einschätzung der eigenen Fähigkeiten	Realistisches und konstantes Selbstbild ist vorhanden	Wirkung der eigenen Person einschätzen und berücksichtigen (in Therapie/mit Kollegen)
		Neue Vorgehensweisen werden ausprobiert	
		Wissen über individuelle Defizite und mittelfristig zu erreichende Sollzustände ist vorhanden	(Selbst-) Kritikfähigkeit Frustrantionstoleranz
	Beharrungsvermögen	Autonome Antriebssteuerung (Beharrlichkeit und Nachhaltigkeit)	
	Kritische Distanz	Der Schüler zeigt eine kritische Distanz zu der zu bewältigenden Aufgabe	Balance zwischen Nähe und Distanz finden
	Bewusster Wissenserwerb	Das Lernen und Arbeiten wird bewusst in Hinblick auf den Lernfortschritt kontrolliert	
		Problemstellungen werden analysiert, wesentliche Merkmale des Problems werden identifiziert	
			Persönliche Haltung zu existentiellen und ethischen Fragen klären/reflektieren

Wichtiger Hinweis:
Die nachfolgende Prüfung stellt nur einen Ausschnitt für den ersten Prüfungsteil dar. Sie sollte um weitere Aufgaben mit anderen Krankheitsbildern oder Schwerpunkten ergänzt werden.

12 „Komplettpaket" einer Beispielaufgabe

Fächergruppe laut ErgThAPrV: Allgemeine Krankheitslehre; Spezielle Krankheitslehre einschließlich diagnostischer, therapeutischer, präventiver und rehabilitativer Maßnahmen sowie psychosozialer Aspekte; Grundlagen der Arbeitsmedizin

Lerneinheiten: siehe Tabelle 7 im Anhang

Schwerpunkte (die sich aus den Lerneinheiten bilden lassen):

1. Krankheitsbilder und Therapie (190)[25]
2. Analyse von Bewegung und Verhalten hinsichtlich folgender Grundlagen: strukturell, funktionell, psychisch und sozioemotional (50)
3. Handlungsfähigkeit von Kindern (Analyse von Tätigkeiten, Umwelt, Entwicklungsstand; Maßnahmen planen, entwickeln und durchführen) (51)
4. Handlungsfähigkeit von älteren Menschen (Auswirkungen von Alterserkrankungen; Befund, Planung, Intervention) (39)
5. Wohnumfeld- und Arbeitsplatzanalysen (20)
6. Gesundheitssystem (10)
7. Gesundheitsmodell (10)

Die Beispielaufgabe greift alle Schwerpunkte mit Ausnahme des dritten Punktes „Handlungsfähigkeit von Kindern" auf.

[25] Die Zahlenangaben in den Klammern spiegeln die Stundensummen wider, die sich aus dem Zusammenziehen von Einheiten/ Themen zu einzelnen Schwerpunkten ergeben. Siehe dazu auch die ausführliche Tabelle im Anhang.

Prüfungsmethode: Fallorientierte schriftliche Prüfung
Fallvariante: Problem-Finding-Methode

Aufgabenstellung:

Bitte bearbeiten Sie den folgenden Fall an Hand der unten stehenden Fragen.

Fall

Sie arbeiten als Ergotherapeut/-in auf einer Station für geriatrische Rehabilitation und behandeln folgende Patientin:

Frau Schmidt ist 75 Jahre alt und leidet an arteriellem Hypertonus, Diabetes Mellitus Typ II und beginnender Demenz. Gelegentlich treten Schwindelattacken auf. Am linken Bein hat sie eine kleine offene Stelle, die laut Frau Schmidt „einfach nicht zuheilen will". Vor zwei Wochen ist Frau Schmidt bei Glatteis gestürzt und hat sich eine mediale Schenkelhalsfraktur (rechts) zugezogen, die mit einer TEP operativ versorgt wurde. Sie darf ihre Hüfte wieder belasten, in der Physiotherapie wird die Gehfähigkeit angebahnt. Frau Schmidt hat ihnen erzählt, dass sie sich noch nicht traut, alleine zu laufen und lieber einen Rollator benutzt, zumal ihr dieses Schwindelige und Schwarze vor Augen nicht geheuer sei, das so unberechenbar auftauche. Sie führen jeden Morgen mit Frau Schmidt ein Wasch- und Anziehtraining durch.

Frau Schmidt ist verwitwet und lebt in einer kleinen Einliegerwohnung. Ihr Sohn mit seiner Familie lebt im gleichen Haus. Frau Schmidt hat Bedenken, ob sie denn auch in Zukunft in ihrer Wohnung zurecht kommt und ob für den Rollator genügend Platz ist. Ihr Sohn und dessen Frau sind berufstätig. Bis zu ihrem Sturz hat Frau Schmidt für ihre beiden Enkelkinder Mittagessen gekocht, wenn diese aus der Schule kamen.

Im Hinblick auf die anstehende Entlassung von Frau Schmidt führen Sie einen Hausbesuch durch, um die Wohnsituation von Frau Schmidt zu begutachten und sie hinsichtlich (baulichen) Veränderungen und Hilfsmitteln zu beraten.

Fragen zum Fall

1. Analysieren Sie die Situation von Frau Schmidt.
   a. Halten Sie sämtliche Probleme und Ressourcen in einer Tabelle fest. Nutzen Sie zur Strukturierung die Komponenten der ICF. Ergänzen Sie die Angaben aus dem Fall durch ihr Fachwissen.
   b. Beschreiben Sie mögliche Wechselwirkungen/ Zusammenhänge zwischen den Problemen bzw. Ressourcen.
   c. Fassen Sie in Textform die wichtigsten Probleme, Ressourcen und Wechselwirkungen zusammen.
2. Erläutern Sie kurz, welche Tests oder Assessments Sie anwenden würden, um sich ein genaueres Bild von den Einschränkungen und Fähigkeiten Frau Schmidts zu machen.
3. Welche Therapieziele lassen sich aus Ihrer Analyse ableiten?
4. Erläutern Sie die Finanzierung (Zuständigkeit, gesetzliche Grundlage) der ergotherapeutischen Behandlung im Rahmen des Klinikaufenthaltes und die Finanzierung des einmaligen Hausbesuchs von Frau Schmidt.

Fortsetzung des Falls für die Wohnraumanalyse:
Die Wohnung von Frau Schmidt liegt im Erdgeschoss, vor der Haustür befindet sich eine Stufe. Die Wohnung besteht aus Wohnzimmer, Schlafzimmer, Bad, Flur und kleiner Küche. In ihrer Wohnung befinden sich unter anderem ein paar alte Möbelstücke, die ihr sehr ans Herz gewachsen sind, wie ihr gemütlicher Ohrensessel. Im Bad, welches klein ist, befindet sich eine Dusche. Die Küchenzeile besteht aus einem normalen Elektroherd mit Backofen, einer Spüle, einem Kühlschrank auf Unterschrankhöhe und Hängeschränken für das Geschirr. Eine Sitzmöglichkeit gibt es nicht in der Küche, der Esstisch steht im Wohnzimmer.

Fragen zum Fall

5. Analysieren Sie die Wohnsituation von Frau Schmidt
   - **a.** hinsichtlich den Bewegungsvorgaben nach einer Hüft-TEP
   - **b.** hinsichtlich der Gefahrenquellen für Stürze.

6. Welche Veränderungen sollten auf Grund Ihrer Analyse vorgenommen werden und welche Hilfsmittel sollten angeschafft werden?

7. Auf welche weiteren Dinge würden Sie in der Wohnung einer älteren Dame wie Frau Schmidt achten, wenn Sie den Hausbesuch durchführen und warum?

Erwartungshorizont zu Frage 1a

Körperstrukturen	Körperfunktionen	Aktivität und Partizipation
Schenkelhalsfraktur, TEP	Bewegungsausmaß des Hüftgelenks eingeschränkt Angst vor erneutem Sturz	Waschen Anziehen Haushalt Essen kochen
Bauchspeicheldrüse (Pankreas): Insulinsekretion gestört (und Insulinresistenz der Zielzellen)	Diabetes Mellitus	Eingeschränkte Lebensmittelauswahl; Medikamente einnehmen/spritzen
Nervensystem	Schwindel Angst vor erneutem Sturz	Mobilität, Haushalt
Nervensystem	Demenz im Anfangsstadium: Orientierung und Gedächtnis betroffen	Unklar, wie lange noch Essen kochen und Haushalt führen; evtl. Probleme bei Medikamenteneinnahme
Haut	Offene Stelle mit schlechter Wundheilung	Körperpflege schwieriger
Kardiovaskuläres System	Arterieller Hypertonus	

Kontextfaktoren	+ Förderfaktoren - Barrieren
Verwitwet	- keine Hilfe durch Partner bei kleinen Handgriffen zwischendurch - keine Kompensation bei kleineren Ausfällen durch Demenz
Kleine enge Wohnung	- kein Platz für Rollator
Rollator	+ Sicherheit beim Gehen
Wohnung im gleichen Haus wie Sohn	+ Unterstützung durch Familie leichter möglich - emotionale Belastung möglich, da sie der Familie nicht zur Last fallen möchte

Wichtiger Hinweis:
Der Erwartungshorizont für die folgenden Fragen ist in Form von Stichpunkten dargestellt. Diese lassen sich leichter mit den Schülerantworten abgleichen. Eine ausformulierte Form der Musterlösung findet sich für die Aufgaben 1b und 1c im Konzeptteil des Buches..

Erwartungshorizont zu Aufgabe 1b

Diabetes Mellitus → Arteriosklerose

→arterieller Hypertonus → Arteriosklerose verstärkt

Arteriosklerose → Schwindel (Gehirn versorgende Arterien: Arteriae vertebrae, Reklination des Kopfes)

→ Multi-Infarkt-Demenz oder andere Demenz

Diabetes mellitus →Gefäßschädigungen → schlechte Wundheilung (Haut und OP-Wunde)

→ Neuropathien der vegetativen Gefäße → schlechte Wundheilung

→Polyneuropathien im Fußbereich → Gangunsicherheit → Sturzgefährdung

Erwartungshorizont zu Aufgabe 1c

- eingeschränktes Bewegungsausmaß
- selbständige Haushaltsführung
- Betreuung der Enkel
- Krankheitsverarbeitung: Gefühl von Abhängigkeit
- häusliche Nähe zur Familie
- Mittagsessenssituation gemeinsam mit Enkeln gestalten
- Fortschreiten der Demenz

Erwartungshorizont zu Aufgabe 2

Zur Erhebung der Selbständigkeit / Fähigkeiten im ADL-Bereich eignen sich folgende Assessments:

1. Erweiterter Barthelindex:
    - gute Testgütekriterien,
    - weit verbreitet,
    - eher grob in der Einteilung,
    - ADL Bereich, kleiner Einblick in Kommunikation und kognitive Fähigkeiten
2. Ergotherapeutisches Assessment
    - gute Testgütekriterien;
    - nicht nur ADL-Bereich, sondern alle ET relevanten Bereiche
    - Abstufung/ Bewertung wird nur generell beschrieben, nicht differenziert in den Items
3. Functional Independence Measure (FIM)
    - gute Testgütkriterien,
    - differenzierte Beschreibung der Abstufung innerhalb eines Items
    - ADL Bereich detailliert, kleiner Einblick in Kommunikation und kognitive Fähigkeiten

Zur Erhebung der Gedächtnisleistungen:

4. Mini-Mental State Examination (MMSE)
   Beurteilt werden bei diesem Screening-Verfahren Orientiertheit, Gedächtnis und Aufmerksamkeit sowie Benennen, Lesen und Schreiben und visuell-konstruktive Fähigkeiten.

Erwartungshorizont zu Aufgabe 3

Therapieziele:

- Selbstständigkeit beim Waschen- und Anziehen (inklusive Einhalten von erlaubtem Bewegungsausmaß und Gebrauch von Hilfsmitteln)
- Selbstständigkeit im Haushalt (inklusive Einhalten von erlaubtem Bewegungsausmaß und Gebrauch von Hilfsmitteln)

Aufgrund der Analyse ergibt sich auch folgendes Therapieziel, welches nach dem Fallbeispiel aber derzeit keine Aufgabe der Ergotherapie ist:

- Erhalt von Gedächtnisleistung und Orientierung

Erwartungshorizont zu Aufgabe 4

Ergotherapie ist ein Heilmittel welches in diesem Fall über die gesetzlichen Krankenkassen finanziert wird. Die gesetzlichen Grundlagen hierfür werden geregelt in:

- SGB V (§ 39) Anspruch auf Krankenhausbehandlung, einschließlich Leistungen der Heilmittelversorgung
- SGB IX Rehabilitation und Teilhabe behinderter Menschen (oder von Behinderung bedrohter)
- SGB V (§ 20) Prävention und Gesundheitsförderung

Ergotherapie im Rahmen des Krankenhausaufenthalts:
Finanzierung durch die Krankenkasse. Abrechnung über DRGs (Diagnosis Related Groups), in das entsprechende Budget muss das Krankenhaus auch die ergotherapeutische Behandlung einkalkulieren.

Hausbesuch zur Wohnraumanpassung:
Dies wird als präventive Maßnahme gesehen (sekundäre Prävention) und ist darüber ebenfalls eine Krankenkassenleistung.

Erwartungshorizont zu den Aufgaben 5 & 6

Bewegungsvorgaben nach einer Hüft-TEP 12 Wochen postoperativ:
Folgende Bewegungen dürfen mit dem Hüftgelenk nicht durchgeführt werden:

- Hüftflexion über 90°,
- Innen- oder Außenrotation des Beines (bzw. Rumpfrotation gegen das Bein/Hüftgelenk,
- Ab- oder Adduktion.

Daraus ergibt sich:

Zu Prüfen/ Gefahrenquelle	Veränderung
Sitzhöhe im Ohrensessel	durch Kissen erhöhen
Bett Höhe	Bett höher bauen, oder Einsteigen mit zurückgeneigtem Rumpf
Kühlschrank und Backofen ungünstige Greifhöhe	schwierig, Kühlschrank obere Fächer verwenden
Hängeschränke: starke Reklination des Kopfes, falls Dinge zu weit oben, kann Schwindel auslösen	wichtiges in günstige Greifhöhe räumen
Dusche: Unsicherheit durch nassen Boden, Einstiegshöhe?, Abstellen von Hygieneartikeln	Duschhocker, Haltegriffe, Abstellmöglichkeit für Hygieneartikel in der Dusche (ohne bücken)
Toilette: Höhe, Position Toilettenpapier (Rotation nötig?)	Toilettensitzerhöhung, Halterung Toilettenpapier evtl. verbessern
Enge Wohnung, Platzproblem für Rollator	gemeinsam ausprobieren, wo dieser in jedem Raum gut geparkt werden kann oder wo sie sich ansonsten abstützen kann. Kann das Essen damit ins Wohnzimmer gebracht werden?
Stufe vor der Haustür	Geländer, Rampe wegen des Rollators

Erwartungshorizont zu Aufgabe 7

In der Wohnung einer älteren Dame ist eventuell besonders zu achten auf:

- Beleuchtung: Ist diese ausreichend hell und auch Bett vorhanden/ von dort zu bedienen?
- Teppiche: Liegen einzelne Teppiche frei herum? Entfernen oder Ränder abkleben
- Hohe Türschwellen: durch Schrägen abflachen
- Lose Kabel auf dem Fußboden: an die Wand verlegen oder abkleben
- Flur: Was steht vielleicht im Weg?
- Insgesamt: „Liebgewonnener Kleinkram": Wo entstehen dadurch Stolperfallen, oder nehmen sie Bewegungsfreiheit? Wo können sie stattdessen hingestellt werden?

Schriftliche Prüfung Teil 1	Bewertungsschema

Aufgabe Güte-kri-terium[26]	Beschreibung Positive Ausprägung	Punkte 4	3	2	1	0	Beschreibung Negative Ausprägung
1a (GB)	Die ICF-Komponenten werden korrekt und vollständig gefüllt.						Die Komponenten werden falsch genutzt und unzureichend ausgefüllt.
1a (GB, SK)	Bei der Füllung der Komponenten durch die Angaben aus dem Fall werden Ergänzungen auf Basis des vorhandenen Wissens vorgenommen.						Es werden keine Ergänzungen vorgenommen.
1a (ZG)	Nutzt die Struktur der ICF für die Analyse.						Die Analyse erfolgt ohne jegliche Struktur.
1a (ZG, SK)	Legt eine Tabelle an, um alle Details zu erfassen und zu ordnen.						Die Analyse wird in einem unstrukturierten Fließtext dargelegt.
1a+1b (SE)	Versetzt sich in die Lage von Frau Schmidt und betrachtet die Probleme aus deren Perspektive.						Es wird kein Perspektivwechsel vorgenommen.
1b (GB, SK)	Die vorhandenen und potentiellen Wechselwirkungen zwischen den Komponenten werden vollständig herausgearbeitet.						Es werden keine Wechselwirkungen aufgezeigt.

[26] Gütekriterien: GB = Gegenstandsbezug
ZG = Zielgerichtetheit
SE= Soziale Eingebundenheit
SK = Selbständigkeit

1c (ZG)	Es werden Prioritäten gesetzt und die wichtigen Punkte in Textform wiedergegeben.						Es werden keine Prioritäten gesetzt, sondern sämtliche Punkte wiedergegeben.
2 (GB)	Die Assessments sind korrekt und mit den wichtigsten Merkmalen dargestellt.						Die Assessments werden falsch oder nicht näher erläutert.
2 (ZG)	Die ausgewählten Assessments sind für den dargestellten Fall angebracht /zielführend.						Die ausgewählten Assessments helfen nicht bei der Fallfortführung/ dem genaueren Befund.
3 (GB)	Die Ziele sind inhaltlich korrekt.						Es werden keine bzw. inhaltlich falsche Ziele aufgestellt.
3 (GB)	Die Ziele sind korrekt (den Vorgaben der Schule entsprechend) formuliert.						Die Formulierung der Ziele entspricht in keiner Weise den Vorgaben.
3 (ZG)	Die Ziele sind auf die Schwerpunkte des Falls abgestimmt und ausgewählt.						Die Ziele weisen keinen Bezug zum Fall auf, es werden sämtliche Ziele aufgelistet.
4 (GB)	Die Finanzierung der ergotherapeutischen Leistung wird korrekt mit den zugrunde liegenden Gesetzen dargestellt.						Die Finanzierung der ergotherapeutischen Leistung wird falsch dargestellt oder fehlt.
4 (ZG)	Die Darstellung der Finanzierung greift die Situation des Falls auf.						Die Finanzierung wird nicht in Abhängigkeit vom Fall dargestellt. (z.B. ambulant statt stationär)
5a (GB)	Die Bewegungsvorgaben nach einer Hüft-TEP sind korrekt dargestellt.						Die Bewegungsvorgaben nach einer Hüft-TEP sind falsch dargestellt oder fehlen.

5b (GB)	Gefahrenquellen für Stürze sind korrekt erkannt worden.						Die Gefahrenquellen werden nicht erkannt.
6 (GB)	Lösungsmöglichkeiten und Hilfsmittel sind korrekt aufgeführt.						Es werden keine angemessenen Lösungsmöglichkeiten vorgestellt.
5+6 (ZG)	Analyse und Veränderungen der Wohnsituation sind eindeutig auf den Fall bezogen.						Es werden nur allgemeine Angaben zur Wohnraumanalyse dargestellt, die keine Verbindung zum Fall aufweisen.
7 (GB, SK)	Mögliche Eigenheiten der Wohnsituation älterer Menschen werden beleuchtet.						Keine Ideen über die Eigenheiten der Wohnsituation älterer Menschen.

Abonnement

Hiermit abonniere ich die Reihe **Body-Feeling und Body-Bildung (ISSN 1867-6243),** herausgegeben von Cornelia Muth und Annette Nauerth,

❐ ab Band # 1
❐ ab Band # ___
  ❐ Außerdem bestelle ich folgende der bereits erschienenen Bände:
  #___, ___, ___, ___, ___, ___, ___, ___, ___, ___, ___, ___

❐ ab der nächsten Neuerscheinung
  ❐ Außerdem bestelle ich folgende der bereits erschienenen Bände:
  #___, ___, ___, ___, ___, ___, ___, ___, ___, ___, ___, ___

❐ 1 Ausgabe pro Band   ODER   ❐ ___ Ausgaben pro Band

Bitte senden Sie meine Bücher zur versandkostenfreien Lieferung innerhalb Deutschlands an folgende Anschrift:

Vorname, Name: ______________________________

Straße, Hausnr.: ______________________________

PLZ, Ort: ______________________________

Tel. (für Rückfragen): ______________ *Datum, Unterschrift:* ______________

Zahlungsart

❐ *ich möchte per Rechnung zahlen*

❐ *ich möchte per Lastschrift zahlen*

bei Zahlung per Lastschrift bitte ausfüllen:

Kontoinhaber: ______________________________

Kreditinstitut: ______________________________

Kontonummer: ______________ Bankleitzahl: ______________

Hiermit ermächtige ich jederzeit widerruflich den *ibidem*-Verlag, die fälligen Zahlungen für mein Abonnement der Reihe **BODY-FEELING UND BODY-BILDUNG** von meinem oben genannten Konto per Lastschrift abzubuchen.

Datum, Unterschrift: ______________________________

Abonnementformular entweder **per Fax** senden an: **0511 / 262 2201** oder 0711 / 800 1889
oder als **Brief** an: *ibidem*-Verlag, Julius-Leber Weg 11, 30457 Hannover oder
als **e-mail** an: **ibidem@ibidem-verlag.de**

ibidem-Verlag
Melchiorstr. 15
D-70439 Stuttgart
info@ibidem-verlag.de

www.ibidem-verlag.de
www.ibidem.eu
www.edition-noema.de
www.autorenbetreuung.de